大学生劳动教育及其创新路径

李 熠◎著

吉林出版集团股份有限公司

图书在版编目（CIP）数据

大学生劳动教育及其创新路径 / 李熠著. — 长春 ：
吉林出版集团股份有限公司，2023.7
ISBN 978-7-5731-3795-1

Ⅰ．①大… Ⅱ．①李… Ⅲ．①大学生－劳动教育 Ⅳ.
①G40-015

中国国家版本馆 CIP 数据核字（2023）第 116935 号

大学生劳动教育及其创新路径

DAXUESHENG LAODONG JIAOYU JI QI CHUANGXIN LUJING

著　　者　李　熠

出版策划　崔文辉

责任编辑　王　媛

封面设计　文　一

出　　版　吉林出版集团股份有限公司

　　　　　（长春市福祉大路 5788 号，邮政编码：130118）

发　　行　吉林出版集团译文图书经营有限公司

　　　　　（http：//shop34896900.taobao.com）

电　　话　总编办：0431-81629909　营销部：0431-81629880/81629900

印　　刷　廊坊市广阳区九洲印刷厂

开　　本　710mm×1000mm　　1/16

字　　数　312 千字

印　　张　13.25

版　　次　2023 年 7 月第 1 版

印　　次　2023 年 7 月第 1 次印刷

书　　号　ISBN 978-7-5731-3795-1

定　　价　78.00 元

前　言

劳动创造幸福，实干成就伟业。培养德智体美劳全面发展的社会主义建设者和接班人是党和国家建设之需、时代之需和人民之需。

劳动教育是培养德智体美劳全面发展的时代新人的必然要求。劳动教育是中国特色社会主义教育制度的重要内容，是全面发展教育体系的重要组成部分。

本书主要介绍劳动教育及其创新路径方面的问题，涉及丰富的劳动教育知识。主要内容包括劳动教育概述、劳动教育体系、高校劳动教育的主要内容、高校开设劳动教育课程的基本要求、大学生劳动教育实践、高校劳动教育的创新研究、劳动教育与创新教育有机融合、劳动教育创新路径。本书在内容选取上既兼顾知识的系统性，又考虑到读者可接受性。本书旨在向读者介绍劳动教育的基本概念等，使读者能系统理解劳动教育基础知识。

由于笔者水平有限，本书难免存在不妥甚至谬误之处，敬请广大学界同仁与读者朋友批评指正。

目 录

第一章 高校劳动教育概述 1

    第一节 劳动 1

    第二节 劳动教育的内涵辨析 4

    第三节 高校劳动教育的内涵与外延 8

第二章 劳动教育体系 16

    第一节 理解劳动教育基本内涵 16

    第二节 明确劳动教育总体目标 22

    第三节 设置劳动教育课程体系 25

    第四节 确定劳动教育内容要求 29

    第五节 健全劳动素养评价制度 31

第三章 高校劳动教育的主要内容 37

    第一节 生活劳动与高校劳动教育 37

    第二节 立德树人与高校劳动教育 42

    第三节 精神培育与高校劳动教育 46

    第四节 社会工作与高校劳动教育 51

    第五节 传统文化与高校劳动教育 61

第四章　高校开设劳动教育课程的基本要求··················67

第一节　高校劳动教育课程的组织机构及工作职责··················67

第二节　基础劳动教育课程的基本要求和课程内容··················75

第五章　大学生劳动教育实践··················87

第一节　大学生应积极参加义务劳动实践··················87

第二节　家庭劳动教育的现状及实施途径··················98

第三节　大学勤工助学的意义··················106

第六章　高校劳动教育的创新研究··················115

第一节　高校劳动教育的目标··················115

第二节　高校劳动教育模式··················123

第三节　高校劳动教育培养体系··················130

第四节　高校劳动教育实践课程··················137

第五节　高校劳动教育的育人价值··················142

第七章　劳动教育与创新教育有机融合··················152

第一节　在劳动教育中融入创新理念··················152

第二节　实现创新与劳动教育结合··················171

第八章　劳动教育创新路径··················182

第一节　劳动教育理论创新··················182

第二节　劳动教育管理创新··················190

第三节　劳动教育技术创新··················196

参考文献··················203

第一章　高校劳动教育概述

推进高校劳动教育必须从高度、广度、温度、力度等多个维度集中发力，增强劳动教育的政治性、协同性、科学性和实效性，真正贯彻落实党的教育方针，切实提升劳动教育质量，促进学生全面发展、健康成长。本章主要围绕劳动与教育方针、劳动教育的内涵以及高校劳动教育的内涵与外延展开论述。

第一节　劳动

一、劳动的界定

劳动，即劳动力的支出是人们通过改变劳动对象使之适合自己需要的有目的的活动。劳动是人类社会生存和发展的基础。它主要指人们在生产物质资料过程中付出劳动力，并能够对外输出劳动量或劳动价值的活动。劳动是人们在社会生活中维持自我生存和发展的唯一手段。按照传统的劳动分类理论，劳动可分为脑力劳动和体力劳动两大类。在商品生产体系中，劳动是劳动力的支出和使用。劳动力的使用就是劳动本身。劳动力的买者消费劳动力，就是让劳动力的卖者劳动。

劳动是一种有意识、有目的地通过调整自身活动以实现控制自然和产生物质交换的人类活动，通过活动为人类提供所需满足自己生活要求，是人类与自然之间的活动桥梁。劳动创造人类，劳动创造世界，劳动创造未来。

二、劳动的内涵与外延

关于劳动的内涵，我国宪法明文规定"公民有劳动的权利和义务"。这就要求每一个有劳动能力的人，都要把劳动看成自己的光荣职责，必须以主人翁的态度对待劳动。

劳动的外延是人类实践活动的一种特殊形式，多指创造物质财富和精神财富的活动。在《中国大百科全书》（哲学卷）中，劳动被定义为人类特有的基本的社会实践活动，也是人类通过有目的的活动改造自然对象并在这一活动中改造人自身的过程。在经济学中，劳动则是指劳动力（含体力和脑力）的支出和使用。

本书旨在为培养学生形成对劳动及劳动人民的积极态度和观念，养成热爱劳动、积累劳动知识的习惯，提供一系列基础教育实践案例。劳动还与"劳动技术教育""通用技术教育"等概念相关。但是，"劳动技术教育"强调的是技术的学习，与职业定向存在更密切的关联；"通用技术教育则"是开展基础技术教育的课程形式，"通用技术"是其教育重点。换言之，劳动教育是面向所有教育对象的普通教育，而"劳动技术教育""通用技术教育"两个概念中虽也有"劳动"的要素，但较多指向具体技术或者通用技术的学习实践等，强调重点有显著差异。

人们所说的基础劳动，是人们在学习、生活、工作过程中，为创造一个良好、舒适的环境，而进行的必要的且是最基本的劳动。例如：室内外环境卫生的清扫与维护，把各种物品科学合理地摆放整齐，一般绿化、植被的修剪与整理等，都是最简单、最基本、最基础的劳动，也是我们学会做人做事最根本的需要。

三、基础劳动教育课与勤工助学、义务劳动

根据党的教育方针，即"培养德智体美劳全面发展的社会主义建设者和接班人"的要求，在高职院校一年级开设基础劳动教育课，列入专业人才培养方案，作为公共德育必修课程，这是对人才培养的创新与要求。

勤工助学，一般指家庭经济贫困的学生利用课余时间参加劳动，通过工作赚取报酬来帮助完成学业。也有学生并不是为了报酬，而是想提前进入社会和企业单位，多积累一些工作经验，使自己毕业后能够顺利就业。勤工助学一般以个人自发行为为主，但也有部分勤工助学是学校有组织的行为。

勤工助学和基础劳动教育课虽然都是劳动力付出，而且都是学生在校期间的劳动，都以树立正确的劳动价值观、更好地锻炼自己为目的的劳动，但勤工助学主要是利用课余时间参加劳动活动，以获取一定的报酬或社会工作经验为目的的劳动活动。劳动教育课是指学校有组织的课程教学与实践行为，按照专业人才培养方案，规范课程教育教学和实践，建立和记录学生个人课程成绩档案，进行教学实践检查和教学质量评估要求，并且通过教育教学和实践环节来培养学生讲卫生、爱劳动、创文明的品德和吃苦耐劳的精神。

义务劳动是指不计定额，不要报酬，出于自己的自由意志而进行的各种社会服务类型的劳动活动。义务劳动更是一种无私的、道德品质好、思想境界高的劳动活动，是值得倡导的社会主义奉献精神的劳动。通过参加义务劳动活动，能起到促进人的思想洗礼、净化人的心灵的作用。总之，基础劳动教育课是人才培养要求的课程，是学校和学生必须完成的教学任务；勤工助学是一种目的比较明确的压力型劳动；义务劳动是自愿奉献的社会服务劳动。

四、劳动的未来发展趋势

未来是信息社会，很多工作需要处理复杂的工作情境，需要人们具备较高的综合素质和能力。不论劳动课程设计，还是实施劳动教育的过程，都要充分考虑社会发展现状和未来社会对人才的需求趋势，将信息社会、信息技术等代表未来发展方向的劳动技能融入劳动教育中。着眼于人工智能不断发展的现实，计算机和人类各具比较优势，几乎所有按照既定程序操作的工作，计算机都可以完成。这些原本由人类负担的工作正在越来越多地由以计算机为代表的人工智能代替人类，留给人类可以完成的是那些需要用复杂的认知去判断、执行的工作，这些工作没有既定的规则可以遵循，需要人类通过交流，依据既定情境判断，从而创造性地解决。

如今，人工智能正在逐步取代人类的劳动力，世界人口总数在未来几十年还会不断增加，但需要人类的工作岗位却越来越少了。随着科技的发展，简单的劳动必将被人工智能所替代。　.

第二节　劳动教育的内涵辨析

劳动教育已经是教育组成中很重要的部分，全国教育大会提出了综合全面发展的总要求，将劳动教育从有效途径变为重要内容，说明了劳动教育在国民教育中的地位越来越受到重视，也说明了劳动教育要带着新体系和创新设计出现在教育体系当中。正确看待劳动教育的地位与意义，能够为劳动教育的体系设计提供稳固的基础。

内涵与外延是对概念指称的事物本质属性及其适应范围的概括。辨析高校劳动教育概念的内涵与外延，就是在辨析其属性概念——在劳动教育的内涵实质基础上，进一步明确高校劳动教育应该是什么和教什么。分析以往劳动教育的有关定义可以发现，人们对劳动教育的本质属性认识大体可以分为四类。

一、将劳动教育视为德育的内容

《辞海》对"劳动教育"的定义是："劳动教育是德育的内容之一，对学生进行热爱劳动和劳动人民、珍惜劳动成果、树立正确的劳动观点和劳动态度、通过日常生活培养劳动习惯和技能的教育活动。"《中国大百科全书·教育》将"劳动教育"定义为："使学生树立正确的劳动观点和劳动态度，热爱劳动和劳动人民，养成劳动习惯的教育，是德育的内容之一。"这两个定义均强调劳动教育的德育属性，直接将劳动教育定义为德育的一部分，侧重热爱劳动和劳动人民的情感、正确劳动观念和态度的培养，把劳动习惯和技能教育看作日常生活培养的结果，并不突出劳动教育的智育价值。

二、将劳动教育视为智育的内容

《教师百科辞典》对"劳动"的定义是："劳动教育就是向受教育者传播现代生产的基本知识和技能，培养他们具有正确的劳动观点、劳动习惯和热爱劳动人民、劳动成果的感情。劳动教育十分重视劳动过程中的智力因素，把平凡的劳动同创造性劳动结合起来，把简单的劳动与富有知识的劳动结合起来。"成有信在其《教育学原理》中更是将"劳动教育"定义为"培养学生具有现代工农业生产的基本知识和基本技能的教育"。这两个定义均强调劳动教育的智育属性，将劳动教育的主要价值表述为传播现代生产基本知识和技能，提高社会劳动生产的智力水平。

三、将劳动教育视为德育与智育综合体

《中国百科大辞典》在"劳动技术教育"词条下对劳动教育和技术教育做了分别解释："劳动教育是以劳动实践为主，结合进行思想教育。技术教育是使学生掌握一定的生产知识及技术和劳动技能。其实施有利于培养学生的劳动观点、劳动技能和劳动习惯，为普通教育和职业教育打下基础。"换言之，劳动教育更偏重德育，技术教育更偏重智育，二者相结合共同培养人的劳动观点、劳动技能和劳动习惯。这些定义均强调劳动教育的思想品德教育和知识技能教育双重属性。

四、将劳动教育视为促进学生全面发展的教育形式

劳动教育旨在通过参加劳动实践，达到对受教育者有组织、有目的、有计划地培养，是通过劳动来综合提升德智体美全方面素质的一种教育活动。劳动让青年一代能够通过参加劳动活动训练，提升自己综合素质，也是教育中德育体育实现的重要因素。劳动教育能够通过让学生亲身参与实际训练的形式，使自身德智体获得全面发展。陶行知把劳动教育视为"在劳力上劳心"的实践活动。在劳动过程中学习领悟的这种实践形式，使进行劳动教育的工作变得更有意义。通过劳动过程中的自我领悟，让个体的内在价值彻底被激发出来，这对促进认知发展、提高实践能力等都有着十

分重要的意义。

根据定义，大致可以将劳动教育分为两类：一是形式上劳动教育。形式上的劳动教育可以理解成通过劳动让学生们领悟劳动，让精神成长，让德智体美劳全面发展。二是内容上的劳动教育。内容上的劳动教育，可以理解为劳动与德智体美四育一样，也有相应的教学内容和任务，劳动旨在培养学生热爱劳动和劳动人民，培养良好的观念、习惯和态度等。但是一般人认为劳动的含义可以包含在德育和体育中，因此劳动教育一直不能达到与其他四育相一致的地位，只是完成各自任务的载体。劳动教育确实在各育方面有被弱化的现象，难以达到平等地位，这也有国民教育体系对劳动教育方面的规定不明确的原因。因此如果想要完成新的教育体系设计中德智体美劳全面发展的基本规定，那么就应首先解决劳动教育在整个教育体系中性质和地位不明确的问题。

如果劳动教育想作为教育体系中全面综合发展的一部分，那么就应让社会看到劳动所能带来的德智体美教育以外的育人价值，要看到除了德智体美外，劳动教育在国民综合素质培养中带来的独特价值。作为中华人民共和国的公民，都应该从事劳动、具备对劳动的正确价值观与态度、具备基本的劳动能力，这也是公民最重要的素质之一。

第三节 高校劳动教育的内涵与外延

一、高校劳动教育的内涵

基于以往的相关教育概念，可以将劳动教育定义如下：劳动教育是各个高校在教育人才系统组成中重要的一部分，也是能够顺应对大学生劳动方面发展要求的培养模式。对大学生进行劳动技能思想实践等方面的锻炼，能够促使大学生在劳动当中获得幸福感、责任感，发展或为具有创新精神的高级实践性人才；通过锻炼培养大学生劳动实践，培养出更加符合社会时代发展要求的技术型人才。这个定义从以下方面明确了劳动教育的本质。

（一）地位方面

劳动教育应该以培养学生综合全面发展为主要目标，将劳动教育作为与德智体美并举的教育内容的重要部分，只有重视劳动教育，才能制定出全面发展的教育体系。年轻人接受高等教育阶段是提升劳动力素质的最佳时机，这个阶段年轻人即将走向职场，需要在进入各行各业前培养相关的技术技能。高校依托整个教育体制强化劳动教育的同时，也在专门的劳动教育体系中着力培养大学生对劳动的态度、价值观以及责任权益等基本素质。任何教育都需要依托完整、科学的教育课程体系，劳动教育也不例外，如此才能通过实践达到教育的目的。

目前，高校德育有系统的思政工作体系作支撑，高校智育有全方位专业教育体系作支撑，高校体育有专门的体育训练课程作支撑，高校美育也因为《学校艺术教育工作规程》（教育部令第 13 号）的印发得到了有效支撑，各高校纷纷成立了艺术教育中心，开设了艺术类必修或选修课程。独有高校劳动教育既没有统一的教育大纲或工作规程，也没有相应的课程要求、考核与评价要求、人财物保障要求，只把劳动教育融入各专业学习中，认为高校各专业的教育本身就是劳动教育。这种现状很容易造成劳动教育各专业都管，但都管不到位的现象。劳动教育应该是"课程劳育"与"专业劳育"的有机结合，在专业教育之外，设置专门的劳动教育选修或必修课程，系统建构独立设置与有机融入相结合的高校劳动教育体系。

（二）内容方面

劳动是一个发展性的概念，在不同的历史时期有不同的内涵。在新经济条件下，人类认识自然和改造自然的能力不断提高，科学技术的迅猛发展使劳动呈现出新的发展趋势，具体如下。

劳动者逐渐减少体力上的支出，而增加智力上的支出；同时劳动者也会减少流动性，劳动的内容会更加多彩、形式会更多变；随着劳动效率的提高，人们会拥有自己更多的时间；劳动人才作为主体的重要性越来越突出，同时国际上对有一定技能要求的人才争夺上也会愈加剧烈。但劳动依然是人们最重要的收入来源和生存手段，这些变化在提醒高校，对劳动教育要做出相应的改变，以满足社会的新要求。

（三）形态方面

对于劳动教育，当代大学生能从多个方面获益，如接受劳动教育能够培养当代大学生对劳动的情感态度、价值观以及伦理责任和权益意识，这些都是劳动教育能够达到的德育属性，对于劳动技能方面，也能够充分体现劳动在智力培养方面的价值。大学生在各个专业理论学习实践等方面虽然已经有对劳动教育方面的培养，但是更加偏重提升劳动技能。这也就是劳动教育的价值，通过让学生亲身参与劳动，在社会中磨炼意志，增长自己的才干，培养自己对社会的责任感。以上可知，劳动教养在三大方面都有着十分重要的作用，它们相互影响，促进形成了当代高校教育中劳动教育的内容和形式，进而形成统一，在理论和实践相结合的过程当中互相弥补不足之处。

（四）目标方面

劳动教育在学生的全面综合素质培养中一直占有重要的地位，当代的劳动教育应该结合时代的发展趋势，充分应对变化趋势，使劳动教养发挥出德智体美创新的育人价值。同时，也应该意识到，如今劳动教育不被重视的根本原因是劳动教育独特的任务。需要提升学生在劳动方面的素养，从思想、技能和实践三个方面融入高校的教育中，使当代大学生得到劳动素质方面的提升。也可以说，大学所有的关键育人环节都存在着劳动教育的身影，但是这些都局限于对劳动技能和知识本身的获取，对劳动素养并没有助益，提升劳动素养还是需要通过真正的劳动教育来获得。也就是说，一般理解的知识学习、实验以及社会实践等，主要能够解决的是将知识应用到实践当中，但是如果单纯侧重技术教育和技能培养等方面，这些则不能属于劳动教育的主要目的。明确劳动教养在学生综合全面教育体系当中的概念，正确认识劳动教育的内涵，能够避免教育在实践当中出现的方向不准确的现象。

（五）目的方面

在高校教学中，大学生可以通过劳动获得创新灵感、幸福感，同时，劳动教育对培养具有社会责任感和创新意识的专业高级人才有十分重要的作用。这个定位是当前对劳动教育提出的内在与外在相统一的要求。到了21世纪，劳动教育承担着推动民族复兴和国家创新的责任。

也可以说，纵观我国劳动教育的历史，并没有认识到劳动能促进身心发展以及个人综合素质全面发展的事实，这也正是劳动教育外在因素改革的重要原因。可以学习一些相对成功的案例，来反思劳动教育的历史，本书强调高校劳动教育首先要引导大学生在劳动创造中获得幸福感，激发其劳动创造的热情与兴趣，在此基础上实现《中华人民共和国高等教育法》确立的"培养具有社会责任感、创新精神和实践能力的高级专门人才"的人才培养目标。

二、高校劳动教育的外延

外延分析是对概念的适用范围及其所含类别的辨析。依据不同的标准可对概念包含的类别做出不同的区分。对高校劳动教育的外延分析应从劳动教育的独特育人价值即全面提升学生的劳动素养入手。一般认为，素养是个体在长期教育和环境影响下形成的某一方面的稳定修养，包含了能力、知识、态度、价值观等内容。分析高校劳动教育的外延，就是要在深刻理解习近平中国特色社会主义思想，特别是关于劳动问题的重要论述的前提下，从对劳动者在思想、心理、伦理、行为、能力等五个方面提出的新要求入手，系统设计由劳动价值观、劳动情感态度、劳动品德、劳动习惯、劳动知识与技能有机组成的劳动教育内容体系，全面提升大学生的劳动素养。

（一）劳动价值观方面

劳动价值观是劳动者对劳动的思想认识、根本看法，它直接决定着劳动者的价值判断、情感取向与行为选择，是劳动素养的核心内容。劳动最光荣、劳动最崇高、劳动最伟大、劳动最美丽，这是对劳动价值观的明确定位。要落实这一定位，需结合唯物史观教育和劳动科学知识的学习，引导大学生充分认识人民创造历史、劳动开创未来这一历史特点。劳动是推动人类社会进步的根本力量的真理性意义；真正明白"劳动是财富的源泉，也是幸福的源泉"的道理，真切体验在劳动创造中把自己的理想同祖国的前途、把自己的人生同民族的命运紧密联系在一起，扎根人民，奉献国家的幸福感；深刻理解按劳分配是实现社会正义的基本原则；正确认识劳动的复杂性与多样性，由衷认同"一切劳动，无论是体力劳动还是脑力劳动，都值得尊重和鼓励"的道理，切实纠正轻视体力劳动和体力劳动者的错误心态；深入理解"尊重劳动"为"四个尊重（尊重劳动、尊重知识、尊重人才、尊重创造）"之首，不能抛开"尊重劳动"去谈时代精神。

（二）劳动情感态度方面

劳动情感态度是劳动者的个性心理特征的反映，是个体在一定劳动价值观支配下、在长期劳动情感体验基础上形成的一种相对稳定的劳动心理倾向。"爱劳动"一直是我国劳动教育着力培养的基本劳动情感态度。劳动情感态度教育既要强调热爱劳动、勤于劳动，又要强调热爱创造、善于劳动。因为热爱劳动、热爱创造是立业为人的根本，是实干兴邦的基石，更是富民强国的动力。

　　培育大学生热爱劳动、热爱创造的情感态度，要在培养热爱劳动者的真挚情感上下功夫，通过教育引导大学生真正认识到尊重普通劳动者、珍惜他们的劳动成果是人的基本修养；要在科学构建劳动实践训练体系上做出努力，着力优化大学生专业实习实训、精心组织社会实践与志愿服务、全面推进创新创业教育、不断深化产教融合，引导大学生在广阔的生产劳动与实践中加强磨炼、增长本领；要在培养大学生勤奋学习、刻苦钻研上进行努力，狠抓学风建设，教育大学生由衷认识到认真学习、刻苦钻研，不仅能够增进文化知识，更是能够磨炼意志、锤炼品行、提高自己的身体素质，让勤奋学习成为青春飞扬的动力。

（三）劳动品德方面

　　劳动品德体现了劳动的伦理要求，人们在劳动中能够体现出一种对他人和社会的表现。这些表象具有稳定的特征和倾向，辛勤、诚实、创新也是当今对劳动提出的更高要求。辛勤劳动、诚实劳动和创造性劳动是统一的。辛勤劳动是诚实劳动、创造性劳动的前提和基础。"一勤天下无难事"，"民生在勤，勤则不匮"，这些中国人自古秉承的劳动信念在依然熠熠生辉，"坚持艰苦奋斗，不贪图安逸，不惧怕困难，不怨天尤人，依靠勤劳和汗水开辟人生和事业前程"依然是大学生需要发扬的美德。诚实劳动是辛勤劳动的表现，也是创造性劳动的前提。

　　创造性劳动是辛勤劳动、诚实劳动的发展，也是劳动的核心和本质要求。是创新发展的时代，大学生是创新发展的重要新生力量，因此，当今高校需要在辛勤和诚实劳动的基础上发挥创造力。让大学生们知道不仅仅要靠辛勤的劳作，也需要靠智慧、靠创新，引导当代大学生以科学家、工匠精神和劳动模范为楷模，脚踏实地学习，心怀理想，敢于进取，敢于创造，谱写当代的创造之歌。体面劳动彰显了劳动发展的人本趋向。劳动发展为大学生创造了更多体面劳动的机会，也对大学生的劳动素质提出了更高要求。要加强职业生涯规划教育，引导大学生结合自己的个性、能力、禀赋和爱好进行择业就业；要加强劳动法与社会保障法教育，帮助大学生树立合法维权的意识；要强化劳动教育的人本理念，引导大学生为建立一个"排除阻碍劳动者参与发展、分享发展成果的障碍，努力让劳动者实现体面劳动、全面发展"的公平正义的社会而奋斗。

（四）劳动习惯方面

劳动习惯是个体在长期劳动实践训练中形成的稳定的行为模式。互联网的飞速发展、数字经济的到来、人工智能的崛起，在带给人类生活带来极大便利的同时，也在无形中滋长了年青一代的不良心理。当代大学生要知行合一，面向实际，在学习和工作中都要秉持严谨的态度，苦干实干，高校的劳动教育要将劳动观念塑造得更加全面、更加务实，把劳动看作一项能够创造和改变世界的活动，让"真抓实干、埋头苦干"成为大学生学习、工作，做人、做事的基本行为方式。

（五）劳动知识与技能方面

劳动知识与技能是个体从事一定劳动所必须具备的知识、技术、技巧及综合运用这些知识、技术、技巧的能力，是大学生劳动素养全面提升的必备基础。劳动人民都要通过辛勤的学习，提高自己科学文化知识与各方面的技能，综合素质要不断地提高、练就本领。高校教育本身就是一种对劳动在知识方面的学习，大学实践与实习都是对劳动技能的训练，这也是大学教育当中比较重要的劳动教育，必须通过劳动教育，为具有创新性技术性和知识性的劳动者打下基础。除了各个专业课的学习之外，也应该通过劳动的知识技能的教育和劳动科学本身的教学培养，来实现劳动教育的更高目标。

人们通过历史的不断发展来总结和创新，逐渐形成自己的规律和学科，劳动伦理、哲学、社会学、文化学等一系列学科都是通过这种总结和创新形成的。这些学科能够提升人才的培养质量，也能够继续深入地研究劳动问题，在提高学生多方面认识劳动这门学科的同时，也分析和研究劳动的本质，增强他们对劳动的认识，提升劳动技能。可结合大学生未来的劳动、工作、职业发展需要，通过开设专门的劳动教育课程、完善大学生职业生涯规划和就业指导教育，加强劳动人权、劳动伦理、劳动关系、劳动条件、社会保障、职工福利、职业安全与卫生、劳动法与社会保障法等相关知识与技能的学习。

第二章　劳动教育体系

全面构建体现时代特征的劳动教育体系，意味着让学生接受扎实有效的劳动教育，落实立德树人根本任务，把劳动教育纳入人才培养全过程，贯通大中小学各学段，贯穿家庭、学校、社会各方面，与德育、智育、体育、美育相结合，把握育人导向，遵循教育规律，创新体制机制，注重教育实效，实现知行合一，促进学生形成正确的世界观、人生观、价值观。

第一节　理解劳动教育基本内涵

劳动教育是一个动态、发展的概念，其内涵随着时代的变化而不断丰富、发展和完善。至今社会各界对劳动教育的内涵在一定程度上仍存在着误解。在学校和家庭教育中，劳动常常被窄化为参与简单的体力劳动，致使劳动教育成为与脑力劳动、日常学习无关的活动，被认为是学生的额外负担，劳动教育的价值没有得到彰显。劳动教育有时还被等同于技艺学习、娱乐活动、惩罚手段。这些现实中的畸变都与对劳动教育的内涵缺乏深度解读。要全面构建体现时代特征的劳动教育体系，首先要深刻理解劳动教育的基本内涵。

一、劳动教育是国民教育体系的重要内容

马克思主义劳动观认为，劳动创造世界、劳动创造历史、劳动创造人本身，劳动是人类的本质特征和存在方式，是实现人的全面发展的重要途径，劳动在人类文明进步和社会发展中发挥了重要作用；马克思主义政治经济学则强调劳动价值理论，倡导按劳分配等社会主义经济原则；在马克思主义的教育思想中，培养在体力、脑力上全面发展的人以及"教育与生产劳动相结合"等，一直是社会主义教育实践的重要方针。在我国社会主义教育方针以及相关教育政策中，劳动教育也一直受到高度重视。可以说，劳动教育是社会主义建设事业的需要，对劳动教育的强调是社会主义教育的根本特征之一。然而，随着市场经济体制的建立，工业化和城市化进程的不断推进，受到人口与计划生育政策的实施等因素的影响，社会对于劳动的认识也在逐步发生改变。

《教育大辞典》从劳动教育的内容和劳动素养出发，将劳动教育定义为"劳动、生产、技术和劳动素养方面的教育，旨在培养学生正确的劳动观点、劳动态度、劳动习惯，使学生获得工农业生产基本知识和技能"。学者檀传宝从劳动素养方面界定劳动教育，认为劳动教育是以提升学生劳动素养的方式促进学生全面发展的教育活动，并指出良好的劳动素养包括确立正确的劳动观点、积极的劳动态度，热爱劳动和劳动人民，形成劳动习惯，拥有一定的劳动知识与技能，有能力开展创造性劳动等。可见，在养成良好劳动素养方面，劳动教育特别强调：其一，促进学生具备一定劳动知识与技能，成为全面发展的人；其二，发展学习者创造性劳动的潜质，成为所需要的创造性劳动者；其三，形成良好的劳动习惯，成为"流自己的汗、吃自己的饭"的有尊严、有教养的现代公民。

高等教育培养的是适应生产、建设、管理、服务等各行业需要的高素质人才，尤其需要吃苦耐劳、艰苦奋斗精神。劳动教育是培养和提高大学生劳动素质和职业能力的重要途径，有助于培养正确的劳动观、价值观、成才观，对高等院校的育人工作有着重要意义。在高等院校重视劳动教育，重构"德智体美劳"的教育体系，既是落实教育为人民服务、培养社会主义劳动者的政治需要，又是培养大国工匠、助推产业结构转型升级的经济需要，更是调整教育结构和提高教育质量的需要。

二、劳动教育具有综合育人价值

劳动教育立足于人的整体性，融合多学科知识，对人、社会和自然进行整合，将理论知识有机融入现实社会，对学生健全人格发展起着重要作用，具有树德、增智、强体、育美的综合育人价值，全社会必须高度重视，坚持立德树人，把劳动教育贯穿于人才培养的全过程。

（一）劳动能"树德"

品德修养是一个人的立身之本、成才之要。劳动是人类最基本、最普遍的实践活动，在培养和发展人的道德品质、提高人的思想境界过程中扮演着重要的角色。马克思在《政治经济学批判》中指出，"在再生产的行为本身中……生产者也改变着，炼出新的品质，通过生产而发展和改造着自身，造成新的力量和新的观念，造成新的交往方式、新的需要和新的语言"。劳动教育的核心是培养劳动价值观、劳动情感态度和劳动伦理品德，与道德教育有着天然的密切联系，还曾一度被作为德育的重要内容。青少年阶段需要精心引导和栽培，尤需以劳树德，扣好人生的第一粒扣子。把劳动教育纳入人才培养全过程，注重培养大学生勤俭、奋斗、创新、奉献的劳动精神，引导大学生树立正确的劳动观，崇尚劳动、尊重劳动，增强对劳动人民的感情，报效国家，奉献社会。劳动本身就是一种美德，要引导学生深刻理解"幸福是奋斗出来的"，认识到唯有通过辛勤劳动，才能实现人世间的美好梦想，从而更加坚定为中华民族伟大复兴而奋斗的理想信念；要引导学生积极践行社会主义核心价值观，主动参加志愿服务，勇于担当时代责任，不断增强社会责任感和公益心，大力弘扬社会文明新风；要引导学生更加珍惜劳动成果，明白"成由勤俭败由奢"的道理，牢固树立节约光荣、浪费可耻的思想观念；要引导学生懂得"天下大事，必作于细"，成就事业必须脚踏实地，把劳动当作锻炼自己难得的机遇，用不懈劳动创造出彩人生、为民族复兴赋能。

（二）劳动能"增智"

劳动作为一种创造性活动，是一切知识的源泉。无论是体力劳动还是脑力劳动，要想熟练掌握一项劳动技能，必须手脑并用。大脑指挥手做出各种各样的动作，劳动过程中的不断试错和纠错，又促进了大脑的思考。劳动还能将学生在课本上学到的知识用于实践，学以致用，解决生活问题。在这样的劳动过程中，学生对书本的知识会理解得更深、记得更牢，既训练了实践技能，又促进了智力的不断发展。

劳动的形态已发生了重大变化，不仅是传统的简单劳动，还包括新兴、复杂的创造性劳动，特别是以人工智能、大数据、云计算、区块链等为代表的科学技术日新月异，各种新事物、新知识、新技术层出不穷，为的劳动注入新的内涵。实施劳动教育，应与时代发展同向同行、同频共振，应注意手脑并用、安全适度，强化实践体验，让学生亲历劳动过程，注重培养学生科学精神，引导学生在干中学、在学中干，善于发现问题，勇于探索新知，提高创造性劳动能力，实现智慧劳动、创造劳动，提升育人实效性。

（三）劳动能"强体"

从人的身体生长发育规律来看，青少年时期是生长发育的关键期，这一时期身体的发育状况直接关乎其将来的生命质量。劳动不是一种简单的体力或脑力活动，而是一种有效的教育手段、科学的健体方式。特别值得一提的是，适当的体力劳动能够促使人的肌体充满活力，改善血液循环，促进新陈代谢，优化生理机能，磨炼意志耐力，对促进青少年身体发育、培养健康体魄、实现全面发展具有十分重要的作用。

实施劳动教育的重点是让学生动手实践、出力流汗，接受锻炼、磨炼意志。这突出强调了劳动教育要以课堂之外的体力劳动为主，符合青年学生身心的成长规律和教育规律，有助于学生强身健体、吃苦耐劳、注重协作，为其全面发展、健康工作、幸福生活打下坚实基础。

（四）劳动能"育美"

审美是人类重要的精神活动，人类发展史既是一部自然进化的历史，也是一部在文明发展中不断自我教育的历史。马克思在《1844年经济学哲学手稿》中提出"劳动创造了美"的观点，科学揭示了美的根源在于劳动，反映了劳动之美具有合规律性与合目的性的有机统一。劳动不仅是个体谋生的基本手段，更是通往自由王国的必由之路，一切幸福都源于劳动价值的美丽绽放。美是培育道德精神的重要源泉，对塑造美好心灵具有重要作用。劳动既具有传授知识技能的教育功能，又具有创造美好的价值功能，注重追求人的自我实现和全面发展。实施劳动教育，可以有效发挥青年学生的主观能动性，深入挖掘学生的创新创造潜能，使学生在致力创造美好的过程中，体验劳动愉悦、收获劳动成果，从而实现自我完善与自我提高，不断增强创造美和欣赏美的能力。构建大中小学各学段上下贯通，普通教育、职业教育与高等教育有机衔接，家庭、学校、社会各方面相互作用的劳动教育体系，引导不同层次、不同阶段、不同类型学生在劳动中循序渐进地培养审美观念、丰富审美体验、提升审美旨趣，深刻认识和理解劳动之美，真正懂得"劳动最光荣、劳动最崇高、劳动最伟大、劳动最美丽"的道理，主动追求更有高度、更有境界、更有品位的美好人生，应是劳动教育的应有之义。

三、教育与劳动相结合，确立了劳动教育的独立学科地位

劳动不仅创造了历史，还成就了教育。教育与劳动相结合是马克思主义教育的基本思想，也是《中华人民共和国教育法》中的明确要求。苏联教育家苏霍姆林斯基认为，"离开劳动，不可能有真正的教育"。列宁指出："没有年青一代的教育和生产劳动的结合，未来社会的理想是不能想象的；无论是脱离生产劳动的教学和教育，或是没有同时进行教学和教育的生产劳动，都不能达到现代技术水平和科学知识现状所要求的高度。"无论时空如何变化，时代如何发展，劳动促进人全面发展的作用都不会发生改变。

依据马克思主义劳动观，劳动分为生产劳动和非生产劳动，相应的劳动教育可分为生产劳动教育和非生产劳动教育。鉴于劳动教育内容的针对性和可行性，非生产劳动教育分为日常生活劳动教育和服务性劳动教育，前者注重在学生个人生活自理中强化劳动自立意识，体验持家之道，这也是学生健康发展、适应社会生活的重要基础；后者具有较强的时代特点，注重利用知识、技能、工具、设备等为他人和社会提供服务，特别是在公益劳动、志愿服务中强化社会责任，培养良好的社会公德。

随着时代的发展劳动的构成更加复杂多元，现代化、信息化、智能化

的劳动内容不断增加。高等院校实施劳动教育应针对高等院校学生的特点，根据人才培养目标，重点在系统的文化知识学习之外有目的、有计划地组织大学生参加日常生活劳动、生产劳动和服务性劳动，让大学生动手实践、出力流汗，接受锻炼、磨炼意志，培养大学生正确的劳动价值观和良好的劳动品质，实现知行合一，获得身心全面发展。这实际上确立了劳动教育的独立学科地位，将劳动教育与智育区别开，强调劳动教育不同于系统的文化知识学习，或者说不能用系统的文化知识学习代替劳动教育。因此，可以说劳动教育具有自己独立的教育体系。

第二节　明确劳动教育总体目标

教育方针从"德智体美"调整为"德智体美劳"，要求五育并举、协同育人，充分体现了党和国家对劳动教育的高度重视和引导学生崇尚劳动、尊重劳动的目标导向的劳动教育，主要针对一些大学生中出现的不珍惜劳动成果、不想劳动、不会劳动的现象，从思想认识、情感态度、能力习惯三个方面明确了总体目标，即通过劳动教育，使学生能够理解和形成马克思主义劳动观，牢固树立劳动最光荣、劳动最崇高、劳动最伟大、劳动最美丽的观念。体会劳动创造美好生活，体认劳动不分贵贱，热爱劳动，尊重普通劳动者，培养勤俭、奋斗、创新、奉献的劳动精神；具备满足生存发展需要的基本劳动能力，形成良好的劳动习惯。这一总体目标，突出强调了劳动教育的思想性，体现了劳动的知情意行各个要素的辩证有机统一，为在人才培养全过程中切实加强推进劳动教育、提升教育实效，指明了正确方向与科学路径。

一、全面构建劳动认知体系，突出劳动教育的思想性

第一，系统掌握马克思主义劳动观的基本原理。马克思主义劳动观的基本内容包括：劳动是人类的本质活动，劳动创造了人，劳动交往推动了人类社会和人类历史的形成与发展，劳动是价值创造的源泉；对资本主义劳动异化问题的批判；劳动对人自身解放的意义与作用，等等。这些内容为学生构建科学的劳动知识体系夯实了理论基础。第二，树立正确的劳动价值观。引导学生对劳动在个人人生目标中的作用和意义做出正确的价值判断，牢固树立劳动最光荣、劳动最崇高、劳动最伟大、劳动最美丽的观念。要以辛勤劳动为荣，以好逸恶劳为耻，形成正确的劳动伦理道德观。第三，加强劳动法律教育。劳动是全体公民的权利和义务，指导学生学习《中华人民共和国宪法》《中华人民共和国劳动法》中关于公民劳动、合法劳动、维护劳动者合法权益以及公民依法履行劳动义务等相关规定，树立法治观念，增强法律意识。

二、培养高尚的劳动情感，形成对劳动的情感认同

培育高尚的劳动情感是劳动教育总体目标的关键内容，要帮助学生树立崇尚劳动、尊重劳动、热爱劳动的劳动态度，让他们懂得"一切劳动，无论是体力劳动还是脑力劳动，都值得尊重和鼓励；一切创造，无论是个人创造还是集体创造，也都值得尊重和鼓励"。只有产生与马克思主义劳动观相一致的积极的劳动情感，学生才能在真正意义上理解劳动没有高低贵贱之分，日后走上社会工作岗位才能干一行、爱一行、钻一行。情感认同是以情感所特有的方式来实现对价值观的认可与接受，对劳动的情感认同是建立在情感体验基础之上的，即日常生活场景下对劳动价值观的直观

感受与体验。要遵循情感教育规律，通过在全社会营造劳动光荣、创造伟大、切实尊重与保障劳动者权益的社会氛围以及对劳动模范的先进事迹和进取精神进行大力宣传，使得学生在感受中国特色社会主义社会发展所汇聚的强大正能量之时精神为之振奋，从而能够运用情感的增力作用提高自身的实践劳动能力，更好地发挥劳动的积极性、主动性和创造性。当发生负面事件时，要善于调节学生的消极劳动情绪，做好这些消极劳动情感的转化和升华工作，努力去除消极情感的作用，将学生的消极情感转化为积极劳动的行为动力。高级情感的充分发展依托多彩的实际生活场景，培养健康的劳动情感，增强情感认同，必须使学生尽可能丰富自身健康的劳动生活内容，在感受生活意义的同时增强对劳动的情感体验。

三、培育优秀的劳动意志品质，充分发挥劳动意志品质的调控作用

意志品质是人在克服困难、实现特定目标的过程中表现出来的品性和素质，劳动意志品质主要体现为从事劳动行为时的自觉性、劳动过程中遇到困难时的坚持性、劳动选择时的果敢性以及受到诱惑时所表现出的自制性。劳动行为本质上就是一种意志行动，当前部分学生中出现的劳动"知行分离"现象，其关键原因就在于缺乏上述排除内外障碍以努力实现社会劳动要求的坚强的意志品质。劳动意志品质的调控作用贯穿于人对劳动的认知、情感与行为过程，劳动意志坚定，才可能有深入持久的劳动认知过程，才可能对劳动产生火热的情感，才可能形成良好的劳动行为习惯。顽强的意志行动来源于伟大的目标与科学的世界观，马克思主义劳动观与人生理想、与实现中华民族伟大复兴的宏伟目标紧密结合，可为培养学生良好的劳动意志品质提供坚定正确的方向指引；充分发挥劳动情感的助力功能，可激发学生热爱劳动、自觉自愿从事劳动实践的热情，从而在日常生活的实践中锤炼劳动意志品质。

四、掌握劳动技能，形成良好的劳动行为习惯

必要的知识与技能是实际行为具有科学性的保证，新时期一些学生"不珍惜劳动成果、不想劳动、不会劳动"现象的出现，部分原因就是缺乏基本的劳动技术。无论是体力劳动还是脑力劳动，都有其自身的规律性，学校、家庭、社会要形成协同育人格局，通过设置各个层次的劳动教育课程体系和日常化、规范化、多样化的劳动教育形式，让学生熟练掌握基本的劳动操作技术，具备实践动手能力，让他们"能劳动，会劳动"。实践育人，劳动精神与劳动习惯的养成离不开劳动实践的锤炼。要努力拓宽劳动实践渠道，有目的、有计划地组织学生参加生活生产劳动、服务性劳动与创新性劳动，让学生在出力流汗和辛勤创造中掌握劳动技能，提高劳动素养。劳动是一种辛苦的付出，劳动体验的过程有利于学生端正劳动态度，增强劳动责任意识，理解与尊重他人的劳动成果，而学生在体验劳动成果带来的获得感的同时，更能充分认识劳动的价值与意义，良好的行为习惯也得以形成与固化。

第三节　设置劳动教育课程体系

在背景下，设置劳动教育课程体系是全面构建体现时代特征劳动教育体系的一项重要内容。为使劳动教育落实落地，应以课程为抓手，整体优化劳动教育课程设置，设立劳动教育必修课和劳动周，保证必要的劳动实践时间，同时强调其他课程有机融入劳动教育的内容和要求；积极推进劳动教育课程改革，全面搭建劳动教育的平台，形成培养学生劳动意识、劳动习惯和劳动技能的多维阵地。

一、整体优化劳动教育课程设置

整体优化学校课程设置，高等院校应将劳动教育纳入人才培养方案，形成具有综合性、实践性、开放性、针对性的劳动教育课程体系。其中，劳动教育课程设计是重要一环，应注重学生核心素养的培养。具体来说，劳动教育课程设计应当包括劳动意识、劳动习惯、劳动素养、劳动技能、劳动成果等要素，让学生在劳动教育课程中提高对劳动重要性的认识，自觉形成劳动习惯，具备务实重行、不畏困难、百折不挠、精益求精、追求卓越的劳动素养和品格，锻炼学生的动手能力以及创造性设计、研发的能力，从而做出创造性的劳动成果。

整体来看，不仅要大力推进劳动教育课程设计的落实，而且要执行已有劳动教育的相关课程，将劳动教育课程纳入教学大纲和教学计划。高等院校应以实习实训课为主要载体开展劳动教育，其中劳动精神、劳模精神、工匠精神专题教育不少于16学时。开展劳动教育除了开设专门的劳动教育必修课程外，还要结合其他课程的学科、专业特点，梳理各学科中所蕴含的劳动知识和劳动教育功能，实现劳动教育与其他学科知识体系的有机融合，润物细无声地将劳动教育思想和内容有机融入各学科教学中，让学生受到潜移默化的影响。如专业课与劳动教育的整合，融合不同专业的学科特色，可充分挖掘劳动教育的元素，有针对性地引领青年提升劳动素养。此外，还可在职业辅导、就业指导等课程中融入劳动精神和劳动知识，给予大学生适当引导，让他们正视自身劳动技能的优点和缺点，找到合适的工作岗位，为学生今后的学习和就业奠定基础。还可以把毕业实习、实训与劳动教育的内容充分结合，在强化专业知识和专业技能中培养大学生的劳动素养。

此外，高等院校可在学年内或寒暑假设立劳动周，以集体劳动为主；也可安排劳动月，集中落实各学年劳动周要求。有条件的地方和高等院校还可以开发地方特色课程和校本课程，为学生提供丰富多样的劳动教育课程。可根据需要编写劳动实践指导手册，明确教学目标、活动设计、工具使用、考核评价、安全保护等要求。

二、积极推进劳动教育课程改革

劳动教育课程改革要紧紧把握时代特点，旨在教育学生在继承中华民族优秀劳动传统的同时掌握劳动基本技能，树立现代劳动观念，使劳动意识和行为与未来社会发展需求相匹配，为培养高素质劳动者和接班人奠定坚实基础。在劳动教育课程的设计上，要加强系统规划，一方面体现学段特征的渐进性，另一方面要体现不同层面和类别劳动素养的目标要求和实现路径，用科学的顶层设计引领学校创新实践。要进一步增强劳动教育课程的先进性和科学性，梳理并审定已有相关劳动教育的各种课程和教材，明确课程内容，针对性地调整劳动教育课时，保障劳动教育能够可持续、与时俱进地长期开展。开放劳动教育教材的区域输出和输入渠道，促进一些具有先进教育思想、教学方法、学习模式的教材跨区域流通，有效交流。探索适合劳动教育实施的多种教学模式，不断提高劳动教育的教育教学质量，支持和鼓励学生积极参加社会劳动实践、志愿服务等活动，在劳动过程中逐渐养成敢于承担社会责任、饱含真善美的情怀。

三、全面搭建劳动教育平台

全面加强劳动教育，不仅需要落实到课程优化设置上，还需要搭建良好的实施平台。世界上很多国家都十分重视劳动教育课程设计与平台搭建，例如，日本劳动课程体系历史悠久，包括家政课、午餐教育、田地教育等，将劳动教育融入校园和家庭。德国十分强调和重视基础教育中的劳动技术教育，把它视为学生职业生活和社会的重要准备和基础，是学生全面素质教育的重要组成部分，精心设计并贯穿在基础教育的全过程。美国的劳动教育围绕着学生的职业生涯规划而开展，课程主要分为基于成为家庭有效成员的劳动教育、基于就业的劳动教育和基于公民培养的劳动教育。

我们应着眼于中国和本地实际，紧密结合当代大学生全面发展和区域经济社会发展的需要，积极创设广泛多样的劳动教育实践平台，突出体力劳动，让学生动手实践、出力流汗，接受锻炼、磨炼意志。在校内平台开发方面，除已建立的实训基地、实训车间外，教室、图书馆、运动场馆等校园场所都是开展劳动教育的重要资源。同时，可结合校园文化建设，开展与劳动教育有关的多样化的课外活动，例如征文演讲比赛、"文明寝室评比"、劳动技能竞赛等，让学生亲身体验劳动，感悟劳动的意义；还可以利用宣传标语、校园广播、微信公众号等传播载体，或者召开劳动模范和先进人物的报告会、分享会和学习会，做好对劳动模范、工匠精神的宣传工作，通过一系列切实有效的措施，营造崇尚和尊重劳动的良好氛围，这对大学生形成正确的劳动意识、提升劳动素养起到重要作用。

在校外平台拓展方面，应加大与地方政府、周边社区、产业园区等的合作，充分利用和有效整合各类社会劳动教育资源，构建优势互补、联动发展的校内外多元劳动教育平台。总而言之，应通过劳动教育的课程设计与平台搭建，在全社会创造浓厚的劳动文化氛围，激发广大学生热爱劳动的内生动力，教育引导他们学会劳动、学会勤俭、学会感恩、学会助人，立志成长为德智体美劳全面发展的社会主义建设者和接班人。

第四节 确定劳动教育内容要求

确定劳动教育内容要求，主要包含开展日常生活劳动教育、生产劳动教育和服务性劳动教育三个方面。可在总体内容设计基础上，分学段提出教育内容要点，强化具体指导。

一、开展日常生活劳动教育，培养学生创造性地解决实际问题的能力

日常生活劳动是一项基本技能，既是回报国家与社会的需要，也是自己今后安身立命的需要。"夙兴夜寐，洒扫庭内"，热爱劳动特别是生活性劳动，是中华民族的优秀传统。洗衣做饭是劳动，打扫卫生是劳动，修理桌椅也是劳动，而且这些维持我们日常生活正常运转的"刚需劳动"技能，理应被每一个人所掌握。高等院校通过引导学生开展自我服务劳动、家务劳动、班务劳动、校务劳动等形式多样的日常生活劳动，帮助学生在个人生活自理中强化劳动自立意识，体验持家之道，培养学生创造性地解决实际问题的能力，为学生健康发展、适应社会生活奠定重要基础。

二、开展生产劳动教育，帮助学生养成艰苦奋斗、实干兴邦的职业素质

生产劳动是指直接创造物质财富的劳动，如农业、工业、交通运输业、建筑业等中的劳动。与普通教育（尤其是普通中小学）开展旨在增强学生劳动荣誉感、体会劳动的艰辛等情感培育不同，高等院校的劳动教育应注重围绕创新创业，结合学科和专业积极开展实习实训、专业服务、社会实践、勤工助学等，为学生参加生产劳动创造更多机会。应帮助学生了解实际生产岗位工作人员所需具备的知识、技能、态度等综合职业能力，锻炼提高

自身的操作技能，重视新知识、新技术、新工艺、新方法的应用，创造性地解决实际问题，使学生增强诚实劳动意识，积累职业经验，提升就业创业能力，树立正确择业观，具有到艰苦地区和行业工作的奋斗精神，懂得空谈误国、实干兴邦的深刻道理，提升他们的就业创业能力。

三、 开展服务性劳动教育，培育学生的公共服务意识和奉献精神

服务劳动包括志愿服务、社区服务、敬老服务等义务性、公益性的劳动形式。高等院校要引导大学生深入社会、走进基层，在体验劳动服务社会的过程中，提高生产生活技能，强化学生的社会责任感，培育公共服务意识，培养良好的社会公德、艰苦奋斗意识与责任担当的优良品质，使学生在面对灾害等危机时有主动作为的奉献精神。把劳动评价结果作为衡量学生全面发展的重要内容，作为评优评先的重要参考和毕业依据，将服务性劳动也融入学生日常学习和生活中。此外，在开展服务性劳动教育过程中，要结合产业新业态、劳动新形态，注重选择新型服务性劳动的内容。

让劳动成为劳动教育的最佳方式，还要防止劳动教育中的娱乐化、形式化、惩戒化等问题。要通过劳动培养学生生活自理的能力，着力提升学生的综合素质，把好劳动教育的价值取向，促进学生全面发展、健康成长；通过劳动培养学生正确的世界观、人生观和价值观，弘扬劳动精神，养成热爱劳动的习惯，从而在劳动中发现生活之美；通过劳动培养学生正确的劳动观，形成对劳动的正确态度和看法，崇尚劳动、尊重劳动，增强对劳动人民的感情，报效国家，奉献社会，培养担当民族复兴大任的时代新人。

第五节　健全劳动素养评价制度

为使劳动教育更好地贯彻落实，防范学生劳动积极性不高、内在动力不足的问题，还需要健全劳动素养评价制度。将劳动素养纳入学生综合素质评价体系，制定一整套劳动素养评价标准，充分发挥评价的激励和导向作用；组织开展劳动技能和劳动成果展示、劳动竞赛等活动，全面客观记录课内外劳动过程和结果，加强实际劳动技能和价值体认情况的考核；建立公示、审核制度，确保记录真实可靠。把劳动素养评价结果作为衡量学生全面发展情况的重要内容，作为评优评先的重要参考和毕业依据，作为高一级学校录取的重要参考或依据，使劳动教育体系变得更加完善。

一、劳动素养评价的主要内容

劳动素养是指经过生活或教育活动形成的与劳动有关的人的素养，包括劳动价值观、知识、能力等具体指向。苏霍姆林斯基认为，劳动素养还包括"劳动活动在一个人精神生活中的作用和地位，以及劳动创造中的充实的智力内容、丰富的道德意义和明确的公民目的性"。从大学生的特点、评价指标的可操作性以及社会认知程度等综合角度来看，劳动素养的内涵与指向主要体现为以下四个方面。

一是劳动意识的评价维度。人类的劳动活动是有意识的，在活动之前就存在着一定的思考和安排。培养正确的劳动意识就是让学生具有正确的劳动动机和劳动态度。劳动动机体现为劳动者在劳动过程中所追求的目的，劳动态度体现为劳动者劳动过程中的心理感受。学校通过劳动教育，使学生明确劳动动机、端正劳动态度，进而加强劳动意识。

二是劳动观念的评价维度。劳动可以锻炼人的吃苦精神，劳动会让人有坚定的意志。劳动观念是人们对劳动的看法和态度。的劳动观念要以热爱劳动为荣、以不劳而获为耻，尊重努力劳动、贡献社会的不同阶层的劳动者，愿意以自己的体力和脑力劳动建设祖国、贡献社会、服务人民，树立正确的劳动观念，是提高学生劳动素养的基本要求。

三是劳动能力的评价维度。劳动能力是人们进行劳动工作的能力，包括体力劳动和脑力劳动两个方面。劳动能力让学生懂劳动、会劳动，是人们通过劳动创造价值的必要手段。

四是劳动成果的评价维度。劳动是人与社会、人与自然的互动过程，强调结果评价是在探讨人作为劳动主体对生活和工作的影响。劳动能使学生学会生活、学会生存、学会交往、学会发展，劳动使人身心健康，通过劳动实践活动，培养学生热爱劳动的思想、吃苦耐劳的精神和对工作的责任心。

二、劳动素养的评价载体

劳动素养作为人的内在素质，具有充分的内生性、内在性、自主性特点，必须在外化形态下才能得到准确评价与衡量。构建科学合理的劳动素养评价体系，要重点在丰富评价载体上下功夫，给予劳动素养充分的外在表达空间与形式，既是加强劳动教育的必然要求，也是实现劳动素养科学评价的重要方面。依据大学生管理的特点，结合劳动教育中对"服务""创造""躬行"等劳动价值的重点弘扬，劳动素养的评价载体与呈现形式应涵盖以下三个方面。

一是日常劳动行为。劳动是人类社会各项活动的基本形态之一，劳动素养的生成、塑造与展现都在日常行为中充分存在。大学生学习、生活等各个方面都与劳动意识、劳动观念、劳动能力有着千丝万缕的联系：如在校内外各个公共场所中能否自觉维护环境卫生、充分尊重他人的劳动成果，在学生宿舍能否具备"一屋不扫，何以扫天下"的劳动意识和行动，在参与考试测验、学术研究和科研探索时能否自觉诚实守信、遵纪守法，严格遵从学术规范，能否从劳动成果角度更加深刻和自觉地维护学习学术秩序。劳动素养在日常行为上的表现还可以外化为服务他人、奉献集体的意识与行动。对高校学生来讲，积极参与学生社团组织、为集体举办的文体活动贡献力量，都是以个人劳动与付出去服务他人的形式之一，在构建劳动素养评价体系中，应从劳动成果的维度予以适当体现。

二是志愿服务。志愿服务是劳动教育的重要载体之一，志愿服务的过程是学生实践能力、劳动精神、劳动素质全面锻炼与提升的过程。高等院校将劳动教育融入志愿服务中，让学生有意识、有目的地参与其中，在志愿服务过程中实践劳动精神、弘扬劳动精神。大量的学生志愿服务活动能够培养学生勇于实践、无私奉献的勤劳奋进精神，增强学生的劳动意识和劳动素质。

三是实习实训。实习实训是高等院校课堂教学的巩固和提升，是学生将理论应用于实践的必要途径，是培养学生吃苦耐劳、知行合一、乐于奉献等优秀品德及责任担当意识的重要基地。高等院校应结合自身专业特色，不断完善实习实训项目，为学生提供更多的劳动实践机会，加强校内外实习实训基地对学生劳动素养的引导与教育作用。一方面，深化校企合作，提升人才培养质量，通过校内外指导老师合力，使学生在实习实训中树立热爱劳动、劳动光荣的意识；另一方面，学生能够在实际工作岗位的实践锻炼中，立足本职，强化自己的劳动意识和劳动能力，形成个人的责任感和使命感，深刻体悟劳动的价值与意义。

四是社会实践。社会实践活动给学生提供了与社会的全方位体验与交流的真实场景，学生可以通过社会实践将知识转化为劳动成果，能够更加直观地感受到通过劳动实现目标、通过劳动创造价值的意义。同时，社会实践活动能够促进学生劳动能力的提高，塑造职业素养和道德品质，通过亲身实践理解劳动价值的内涵，形成尊重劳动、热爱劳动的真挚情感。

三、劳动素养评价结果的运用

构建劳动素养评价体系要充分借鉴和吸收综合素质评价的有益成果，真正做到评价设计科学合理、评价过程公开公正、评价结果导向正确和社会信服。劳动素养评价体系应当与当前高校普遍实行的学生综合素质评价体系相一致、相融合，把劳动素养纳入综合素质评价的"五育"目标之一，从加强劳动教育的视角，优化学生综合素质评价的各项指标设计，实现劳动教育在综合素质体系中的独立占比，提升劳动教育各项内容的重要性。因此，劳动素养评价的结果运用方面应当注重以下三个方面。

一是要探索劳动素养评价的独立表彰机制。劳动教育作为五育并举的重要指标之一，与德智体美相比，尚未建立起有效的表彰或惩戒机制。学生的思想状态、学习成绩、体格检测、文体评比等都有相对独立的考评办法和表彰机制，但对于"劳育"而言，探索劳动素养评价体系的目标之一，就是要在形成劳动素养评价的定量或定性结果基础上，对劳动素养优秀的学生予以表彰，对相对落后的学生进行敦促，通过正面奖励和反向引导的方式，强化劳动教育的具体实施。因此，要从劳动素养评价体系的结果认定上，建立"劳育"表彰的物质性或荣誉性奖励机制，设立"劳动光荣奖""劳动之星""劳动先进奖""劳动创造奖"等项目，并辅以适当的物质奖励，还要举办劳动技能大赛、劳动表彰大会等活动，扩大劳动素养的教育教学成果，巩固劳动教育的长期效应。

二是要建立劳动素养评价与学生综合素质测评融合机制。劳动教育是"德智体美劳"全面培养教育体系的重要组成部分，将劳动素养纳入学生综合素质评价体系中，能够充分发挥劳动教育的激励和导向功能。制定涵盖劳动观念、劳动意识、劳动能力的评价制度和评价标准，通过学生综合测评结果将劳动教育与学生评奖评优挂钩，能够促进学生增强劳动意识，更加注重自身劳动素质的培养。目前，在学生综合素质评价体系中，劳动教育方面的体现不多甚至缺失，这种情况亟待改变。劳动素养评价融入综合素质评价体系，要充分考虑劳动素养评价的四项维度，既要设计好劳动意识、劳动观念等非客观维度的测量方法，也要为劳动能力、劳动结果等适宜定量考察的指标进行合理赋值，从而达到充分肯定学生劳动素养的成长与进步的测评目的。

三是要建立劳动素养评价结果的长期记录机制。劳动素养评价体系要能够体现出学生的综合劳动素质，促进学生崇尚劳动、尊重劳动，让学生争做辛勤劳动、诚实劳动、创造性劳动的积极践行者。劳动素养评价为挖掘学生的专业能力潜能提供了基本素质保障，学生们在专业知识的学习中发扬吃苦耐劳的精神，形成比学赶超、奋勇争先的浓厚学习氛围，更加有助于挖掘专业能力潜质，为未来成为本专业、本行业的卓越劳动者打下基础。建立劳动素养评价结果的长期记录，能够客观反映学生的成长过程，体现出学生劳动能力、劳动态度的发展变化，这对其未来求职升学、择业就业、创新创业等方面都是有益的参考。学生个体的劳动素养评价结果是检验学生个人成长的重要记录，以建立劳动素养评价评分卡、记录表等方式综合反映学生的基本素质，为开展就业推荐、择业指导等提供背景材料和基础信息。另外，对学生劳动素养评价做群体性的长期记录分析，是检验和考察劳动教育成果、效率的重要方面。因此，要尝试通过网络化、系统化、平台化的方式采集学生劳动素养评价信息，构建科学合理的劳动素养评价体系，形成劳动素养评价结果的长期记录机制，推动劳动教育在高校的具体落实落地。

第三章 高校劳动教育的主要内容

第一节 生活劳动与高校劳动教育

陶行知指出:"有生命的东西,在一个环境里生生不已的就是生活。"显然,就人而言,生活就是衣食住行的集合,故谈起生活又离不开劳动,而劳动是人类创造物质或精神财富的活动。如今,许多大学生受到家长的过度呵护,家务劳动几乎很少参与。本节从生活劳动的概念、分类以及大学生应树立正确的生活劳动观念、提升生活劳动素质提出了劳动教育中生活劳动的实践对策。

一、生活劳动概述

(一)生活劳动

生活劳动是指可以直接满足生活需求的劳动,生活劳动是在具备生活条件的基础上对生活条件再做改造,并直接服务于人的劳动。

1. 技能性生活劳动

技能性生活劳动就是通过操作性技术技能改造生活资料(或者生活条件)以满足生活需要的劳动形式,如做饭、炒菜、缝补、洗衣服、洒扫等。

现代科技的发展大部分都是建立在技能性生活劳动之上，如洗衣机、扫地机器人、洗碗机等智慧家庭、智慧生活的条件改善逐步改变了人们的生活劳动方式，各种劳动中对于体力的需求将会弱化。但是智能、技术领域会增加，比如了解生活用具的基本原理，并对其进行简单维修，这些技能对生活中的人来说跟过去装水龙头、上电灯泡是同样的道理。因此现代生活劳动，尤其是技能性生活劳动也要求人们具备一些现代化的技术能力。

2. 审美性生活劳动

审美性生活劳动与技能性生活劳动并不是在领域上进行区分的，它们之间的区分主要在层次上。比如缝补衣服，给一件破了洞的衣服结结实实地补一个补丁，这就是技能性生活劳动。但是如果对这个补丁进行改造，比如设计成一朵花儿，或是图案等，这就不仅仅是技术性劳动，更是创造美、创造幸福的劳动过程，它就是审美性生活劳动。再比如，关于家务中的重头戏，洒扫。我们把家里干干净净打扫一遍，属于技能性生活劳动；我们觉得家里太单调，太冷清，太没有艺术感，太乏味，因此想到需要对家里做出各种布置，这种布置到底美不美，见仁见智，但是对于劳动者自己来说，它是按照劳动者自己的审美方式布置的，劳动者在处理家务中按照自己觉得美的标准创造了自己的空间，他为自己的生活创造了美和幸福。审美性生活劳动不是现代人才有的，比如过去的人自己做家具，但是不忘在桌椅板凳上雕花。这个层次的劳动，不仅对人的技术能力提出了要求，还要求人们具有感知、想象等方面的能力，这些统一起来，就是审美养成和创造美的能力。

二、家庭中的生活劳动及反思

（一）家务劳动

家务劳动是我们人类社会最为常见、最为古老的基本的劳动方式之一。它与市场经济中的生产劳动共同组成了人类不断发展进步的重要部分。关于家务劳动，学术界还没有统一概念。但是大部分学者都认为："家务劳动（housework）是一个非常古老的词语，主要指人类社会中存在于家庭领域中开展劳作的一种形式。也可以说，自从产生了人类社会，家庭中的家务劳动就开始作为维持人类生存生活需要的重要手段而留存下来。"

（二）过去的分工

传统性别分工制度的具体表现为"男主外，女主内"的家庭分工模式。女性主要在家庭领域内生活，而男性则主要在公共空间生活。家庭成为人们休憩、养育孩子的场所。男女的身体结构独特，女性要生育孩子，被当作婴儿最初的照料者，承担母职，承担家务。

家务劳动是一项历史久远的劳动，自从有了家庭，家务劳动便随之产生。蒙昧社会中，家务劳动由男女双方共同承担，但是已经有了较明显的性别分工，男子一般从事打猎、砍柴、获取原材料等需要较大力气的劳动，妇女则从事烧饭、织布缝衣、照料小孩等细致、不需要花费太多力气的劳动。随着私有制的产生和阶级的形成，家务劳动慢慢发展成为专属于女性的劳动。

（三）现在的分工

随着社会生产力的发展以及现代科学技术的飞速发展，洗衣、做饭等家务不再是女性的专属劳动。大部分以前在家庭中完成的家务劳动项目开始转移到社会中来完成，成立了众多的社会服务机构。同时，科技的发展创造出各种各样的家用电器，这些都简化了家务劳动的内容，减少了家务劳动所要花费的时间。

男女平等观念的广泛发扬也使得人们传统"家务劳动应该由女性承担"的观念开始动摇，慢慢转变，越来越多的女性参与到社会工作中，也有越来越多的男性参与到家务劳动中，工作与家庭之间矛盾的凸显也反作用于家务劳动，使得家务劳动社会化不断加深。

三、树立正确的生活劳动观念

（一）人人都应具备日常生活劳动能力

生活劳动能力即自我服务能力，即使将来不从事制造工作的现代人也应具备基本的生活劳动能力。现代社会需要的公民是善于动手，善于将动脑与动手结合起来的人。因此，可以说在信息化时代，对人们生活劳动能力的要求不仅没有削弱，反而在加强。劳动创造了人，不仅是历史事实，更会在人类个体的成长过程和变迁过程中得到不同程度的再现。

（二）日常生活劳动是获得人生圆满不可或缺的基本能力

飞速发展的时代，虽然劳动的方式、工具、空间、环境在发生非同寻常的变化，内涵被前所未有地拓展，但劳动之美不会变，劳动的幸福不会变，日常生活劳动是获得人生圆满不可或缺的基本能力。

中华民族从古至今都弘扬劳动精神，古诗中"十亩之间兮，桑者闲闲兮""童孙未解供耕织，也傍桑阴学种瓜""乡村四月闲人少，才了蚕桑又插田""谁知盘中餐，粒粒皆辛苦""稻花香里说丰年，听取蛙声一片"，都是描写中华民族对劳动之情、劳动之爱、劳动之景、劳动成果、劳动之美的珍视和礼赞。俗话说，一勤天下无难事。劳动，是文明的源头，也是进步的因子。劳动，缔造了社会也书写了历史，并可以改变世界。对个体来讲，勤劳，是一种积极向上的良好品质，是获得健康、实现梦想的必备条件。对于家庭来说，勤劳是一种良好的家风，可以使家庭的氛围融洽，可以获取幸福。对于社会和国家来说，勤劳，是一种文化软实力，可以激发创造力。

四、大学生如何提升生活劳动素质

（一）参与家庭劳动

大学生应经常参与制作食物、打扫卫生、清洗衣服、美化家庭、修补衣服、修理家具等家庭劳动。在当今社会，身体素质的好坏和劳动意识的强弱，将是一个人能否取得成功的关键。如果不参与家庭劳动，养成"衣来伸手，饭来张口"、过分依赖父母的不良习惯，就会对自身的成长和发展带来不利的影响。

良好的劳动习惯和劳动品质，往往是从家庭日常生活劳动开始的。中国，是一个文明古国，几千年来，劳动人民用自己的双手创造物质财富，提振民族精神，让中华民族以更加昂扬的姿态屹立于世界民族之林，越来越走向世界舞台的中央。我们只有坚持和发扬这一光荣传统，切实加强家庭日常生活劳动素质的提升，才能成为有较高文化素养和劳动技能的劳动者。

（二）参与社会劳动

参与社会劳动，如打扫卫生、绿化环境、整理设备、修理器具等工作，是提升日常生活劳动素质的重要途径。作为大学生必须从实践中获取社会劳动知识，要理论联合实际，通过参与社会劳动，加深对社会的了解，从而提高劳动技能，增长自身才干。

（三）参与学校劳动

在校园中提升日常生活劳动素养的途径有认真学习劳动教育课程、参加学校劳动活动，如打扫卫生、美化校园、参与食物制作等。

大学生在学校中，应通过参与校园劳动培养主人翁意识，养成勤奋和实干的良好习惯。通过参与校园劳动，养成科学作息，增强自身的行动力和执行力。同时，在参与校园劳动的过程中，可体验多种劳动者的不易，例如学校保卫、清洁、图书馆工作人员等工种，也有利于大学生自觉养成文明的好习惯，减少乱扔垃圾、乱贴乱画等不文明的行为。

因此，大学生提升生活劳动素质要从三个方面入手，形成联动协同机制，即分别从家庭、学校和社会三个维度协同推进日常生活劳动素质的提高。

第二节　立德树人与高校劳动教育

将劳动教育融入高校立德树人全过程，有助于大学生深化对人的本质认识，有助于促进大学生实现自由全面的发展，有助于高校更好地坚持社会主义教育的根本原则。当前，劳动教育融入高校立德树人全过程存在不同程度的缺位和错位问题。为解决这些问题，需要坚持将劳动教育融入课堂教学、坚持将劳动教育融入校园文化建设、坚持将劳动教育融入实践教学，从而有力推动高校立德树人根本任务的实现。

一、劳动教育融入高校立德树人过程中存在的问题

（一）劳动教育在高校立德树人过程中的缺位

改革开放以来，我国在人才评价机制方面越来越重视学历，用人单位曾一度把学历设为选人用人的门槛。导致劳动教育在高校人才培养体系中长期不被重视，甚至空缺，具体表现为以下两个方面。

1. 劳动在教育中的缺位

除一些理工类专业有个别需要动手操作的实践课程外，在现有大学生课程设置中几乎没有"劳动课"。事实上，劳动教育与德智体美等方面的教育密切相关。"劳动教育与德智体美等教育一起构成更加全面完整的育人体系，但彼此并非独立而排斥，而是相互交织且价值互渗。"劳动教育本身就蕴含着德育、智育、体育、美育；而德育、智育、体育、美育也只有通过劳动教育，才能得到强化和升华，取得实效。高校教育体系中的劳动教育缺位现象，未能帮助大学生树立正确的劳动价值观，掌握基本的劳动技能，导致"眼高手低""高分低能"现象的出现。

2. 教育在劳动中的缺位

虽然有些高校会组织大学生开展各类校外实践活动，但未将教育融入劳动过程中。教育是劳动的升华，在劳动过程中，作为活动的组织者应该对本次劳动的目的进行说明，充分阐明劳动的意义，肯定参与者的劳动付出。只有寓教育于劳动中，为大学生树立尊重劳动、尊重劳动者的榜样，才能帮助他们树立正确的劳动价值观。

（二）劳动教育在高校立德树人过程中的错位

劳动教育在高校立德树人过程中的错位，具体表现为关于劳动教育认识的错位和关于劳动教育目的的错位。

1.关于劳动教育认识的错位

高校对劳动教育认识的错位具体表现为：第一，对劳动教育重视程度不够，单纯注重培养德智体美全面发展的建设者和接班人，未能将劳动教育列入其中。第二，对劳动分工教育的错位。"到目前为止的一切生产的基本形式就是分工，一方面是社会内部的分工，另一方面是每一单个生产机构内部的分工。"随着现代社会分工的发展和专业化程度越来越高，大学毕业生的职业选择也日益多样化。由于劳动分工教育的不到位，导致一些大学生单纯追求"铁饭碗"，而不是根据个人性格特征、专业特长选择更适合自己的工作。

2.关于劳动教育目的的错位

高校开展劳动教育的目的应该是培养大学生正确的劳动价值观，通过劳动教育，以劳树德、以劳增智、以劳强体、以劳育美、以劳创新，使大学生树立正确的劳动价值观，养成尊重劳动、尊重劳动者的良好习惯。目前存在的错位现象表现为：为完成某项任务而开展劳动教育。学生工作处和团委开展的实践活动往往是为了完成某项工作任务，并不是单纯为了对大学生进行劳动教育。这种现象是对劳动教育目的的偏离，未能有效帮助大学生认识进行劳动教育的重要意义。

二、劳动教育融入高校立德树人全过程的解决路径

（一）坚持劳动教育融入课堂教学

课堂教学是向大学生传授科学文化知识的主渠道，坚持将劳动教育融入课堂教学，在具体实施上主要是将劳动教育融入专业课教学。在人文社会科学类专业中，融入劳动价值观教育；在理工类专业中，融入劳动技能教育，尤其注重培养大学生的"工匠精神"。

（二）坚持劳动教育融入校园文化

校园文化作为高校思想政治教育重要的文化环境，对大学生的成长成才具有潜移默化的作用。校园文化建设的根本目的就是为塑造在精神品质、智慧能力和体魄等诸方面获得充分发展的合格人才创造良好的精神条件和环境氛围。劳动教育融入校园文化，既要融入校风、学风、教风等隐性校园文化，也要融入校园艺术文化活动等显性校园文化。在丰富大学生的课外文化生活的同时，更好地促进大学生全面发展；在潜移默化中让大学生体会到勤奋劳动、诚实劳动对实现人生价值的重要性，并养成艰苦奋斗的良好品质。

（三）坚持劳动教育融入实践教学

实践教学活动是人们获得正确认识的最重要、最基本的渠道，也是检验已有思想、观念是否正确的重要环节。高校通过开展实践教学活动，帮助大学生将获得的正确的思想观念不断内化于心，外化于形，更好地促进大学生身心全面发展。高校学生工作处和团委在组织实践教学活动时可以

有针对性地将劳动教育融入其中，让大学生"将学习到的科学文化知识运用到社会实践中，在实践中创造价值，在实践中放飞青春梦想"。

综上所述，高校应在党委的集中统一领导下，以劳树德、以劳增智、以劳强体、以劳育美，培养更多德智体美劳全面发展的社会主义合格建设者和可靠接班人。

第三节　精神培育与高校劳动教育

劳动教育和大学生担当精神的培育是中国特色社会主义教育制度的重要内容，推动高校劳动教育和大学生担当精神的融合发展，对加强构建德智体美劳全面发展的教育体系有着重要的作用。本节在明晰我国高校劳动教育和大学生担当精神培育的基本内容基础上，探讨高校劳动教育和大学生担当精神融合发展的必要性和重要性。

一、我国高校劳动教育与大学生担当精神培育概述

（一）我国高校劳动教育概述

1. 我国高校劳动教育的基本内涵

"'两个'一百年奋斗目标的实现、中华民族伟大复兴中国梦的实现，归根到底靠人才、靠教育。"为构建符合我国发展需要的德智体美劳全面发展的优秀人才教育体系，劳动教育又一次回到了大众视野。

由以上内容可见，我国的劳动教育是指教育者通过一定的实践，对受教育者施加有目的、有计划、有组织的影响，使他们形成符合一定社会要求的实践能力和劳动价值观的社会实践活动。受教育者的劳动类型包括生

活劳动、生产劳动和服务型劳动。

2.我国高校劳动教育的主要内容

首先是生产劳动，对大学生来说，生产劳动包括勤工助学、实习实训等。通过这样的方式，高校组织学生进行生产劳动，有利于提升学生的社会实践能力，能够为毕业后的创新创业和就业发展奠定实践基础，从而在一定程度上提高学生毕业后的社会适应能力。

其次是服务性劳动，这里所指的服务性劳动是带有公益性的社会实践活动。高校加强学生的服务性劳动教育，有利于培养奉献精神、担当精神和责任意识，以及为公共服务的意识，一定程度上对塑造大学生的道德品质起到推动作用。

（二）我国高校大学生担当精神培育概述

从"天将降大任于斯人"到"不破楼兰终不还"，从"岂因祸福避趋之"到"横眉冷对千夫指"，虽然历朝历代对担当精神的理解不同，但是，担当精神从古至今都是中国人引以为傲的民族精神之一。担当精神的内涵由坚持原则和认真负责两个方面构成。

首先，坚持原则是指，在大是大非面前坚持正确的理论导向和行为导向，不被邪恶蛊惑，敢于同邪恶势力做斗争。对大学生而言，坚持原则就是要坚定理想信念，不被外物蛊惑，积极从事对祖国和人民有利的活动。其次，认真负责是指，敢于承认自己的错误，面对危机能够迎难而上，不畏缩不后退，积极站好每一班岗。对大学生而言，犯错并不可怕，需要有积极承认自己错误的勇气，面对生活中的困难需要积极面对并解决。

二、我国高校劳动教育对大学生担当精神培育的作用

（一）我国开展高校劳动教育对大学生担当精神培育的必要性

1. 高校开展劳动教育是培养大学生担当精神的重要途径之一

我国高校开展的劳动教育，对大学生实践能力的培养和民族精神的培育都有重要作用。首先，通过对大学生实行劳动教育，特别是生产性劳动教育在一定程度上能够提高大学生社会实践能力。我国普通高校通过对大学生实行生产性劳动教育，培养大学生劳动意识和动手能力，使大学生具备一定的社会实践能力，在大学生走向社会后能够更快适应社会。

其次，通过对大学生进行劳动教育，特别是服务性劳动教育，在一定程度上能够促进大学生对社会主义核心价值观和民族精神的理解。比如：很多同学毕业后选择参加"三支一扶"或在社区进行义务劳动，用自己的行动诠释青春。这些同学用自己的行动为千千万万的大学生上了一堂课，告诉了我们什么是担当精神，这就是劳动教育优越性，通过劳动教育可以培育大学生的担当精神。

2. 培育大学生担当精神可以推动高校劳动教育目标的实现

劳动教育主要育人目标就是针对一些青少年中出现的不珍惜劳动成果、不想劳动、不会劳动的现象，从思想认识、情感态度、能力习惯三个方面向全体学生提出劳动教育目标，突出强调劳动教育的思想性。我国劳动教育的目标主要是从思想认识、情感态度和能力习惯三个角度来阐释。想要养成良好的能力习惯就必须从思想上坚定劳动观，从情感上培养奋斗奉献的劳动精神。培育大学生的担当精神，能够使大学生从情感上养成乐于奉献、

勇于担当的精神，从而形成正确的家国观、人生观，这对劳动教育目标的实现可以起到推动作用。

（二）我国高校开展劳动教育对大学生担当精神培育的重要性

1. 高校开展劳动教育使大学生担当精神的培育从理论走向实践

针对我国高校对大学生担当精神的培育存在理论知识与实践分离、教育形式过于单一等问题，在高校实施劳动教育能够丰富担当精神培育的形式和内容，使大学生担当精神的培育从教育者的口头讲述和课本的理论知识中得到延伸，采取更加生动灵活的劳动实践手段，让大学生能够潜移默化地学习担当精神，并对他们产生深远持久的影响。

2. 高校开展劳动教育创新了大学生担当精神培育的方式方法

劳动教育的开展，为大学生担当精神的培育提供了新的方式方法，学生可以走出课堂，用切身体验去领悟什么是担当精神。在这种新的教育方式的推动下，学生可以在劳动中将课堂所学理论知识与实践相结合，不仅丰富了担当精神培育教学的内容，也完善了担当精神培育教育教学模式。

三、我国高校劳动教育与大学生担当精神培育的融合路径探析

（一）我国高校应促成劳动教育与担当精神培育理论的融合

，为把我国建设成为富强、民主、文明、和谐、美丽的社会主义现代化国家，作为大学生应该做到德智体美劳全面发展，劳动教育不仅要靠实践，理论教育的重要性也不容忽视。在进行劳动教育的理论教育过程中，我们也应该看到其与担当精神教育的联系。认真负责、坚持原则作为大学

生担当精神的重要内容，不仅体现在担当精神的培育中，还体现在劳动教育的理论教育中。劳动不仅要做，还要"做好"。要教育学生"做好"劳动，认真负责，就必须在劳动教育的理论教育过程中融入大学生担当精神的培养，这样才能提高劳动效率，将劳动教育的成果充分展现。与此同时，也能在劳动中培养大学生的担当精神，一举两得。

（二）我国高校应促成劳动教育与担当精神培育实践的融合

高校应因地制宜利用社会历史文化资源，在劳动中培育大学生的担当精神。高校应该因地制宜利用当地特有的历史文化遗迹，将劳动教育与担当精神的培育融入其中，使学生在环境中潜移默化地接受劳动教育和担当精神的培育，这样还能使历史文化遗迹在当今社会焕发新的活力。比如：组织学生在当地爱国主义教育基地做志愿讲解员，或者利用当地的历史文化场馆，通过组织同学实地参观或调研达到劳动教育与担当精神培育的融合。

高校应充分发挥服务性学生组织的影响力，促成劳动教育与担当精神培育的融合。我国高校有形式多样的学生组织。其中，有很多服务性的学生组织，比如志愿者协会、学生服务中心等。但是，这类学生组织开展活动过程中往往存在无法切实保障学生的安全等问题。这与高校对此类学生组织的重视程度不够有很大关系。在开展劳动教育过程中，高校应该看到这类学生组织的潜力，充分利用学生组织资源,分配老师配合学生组织工作。通过组织学生进行劳动教育，能够让学生在自我管理中进行劳动教育的同时，督促学生在服务性劳动结束后，积极总结感悟，培养大学生担当精神。

高校应充分利用学生寒暑假社会实践活动促成劳动教育与担当精神培育的融合。目前，各高校都会在寒暑假组织学生进行社会实践，社会实践的种类非常丰富，小到社区服务，大到环境治理等。随着这些年高校对大学生寒暑假社会实践模式的不断探索，部分高校有了较为完备的寒暑假社会实践体系。但是，对于寒暑假社会实践成果的评价，大多数的高校存在重视程度不够高以及并没有将其与实际劳动学分相结合的现象。这就导致大学生寒暑假社会实践趋于形式化，并没有充分挖掘其教育潜力。所以，针对以上现象，高校应该充分发挥社会实践的功能，使高校学生正确认识责任与担当、劳动的意义与价值的关系。比如：高校可以将寒暑假社会实践的学分与劳动教育的学分挂钩；组织负责劳动教育教师做社会实践的带队人，在社会实践过程中和开学后，对参加寒暑假社会实践的学生进行评价等，增强大学生的社会实践能力，也能在评价中找到信心，更加积极地接受劳动教育。

第四节　社会工作与高校劳动教育

社会工作独特的专业优势及其与劳动教育的内在契合性，为高校劳动教育借鉴社会工作的方法提供了可行性。社会工作方法主要有个案工作方法、小组工作方法和社区工作方法。社会工作方法介入高校劳动教育的具体实施路径为：借鉴个案工作方法，推进常态化劳动教育个案辅导，提高家庭在劳动教育过程中的参与性；借鉴小组工作方法，通过建立劳动教育理论学习小组、劳动教育兴趣小组和劳动榜样小组，激发高校劳动教育的积极性，形成人人参与的良好氛围；借鉴社区工作方法，通过发展学生自治组织，培育校园劳动文化，利用社区资源开展劳动教育，培养大学生劳动实践能力。

劳动教育是以提升人的劳动素养、促进人的全面发展为目标的教育活动，直接影响乃至决定人的劳动精神面貌、劳动价值取向和劳动技能水平。

高校劳动教育，承载着培养社会主义建设者和接班人的重大使命，是高校实现立德树人根本任务的内在要求和重要途径。社会工作与劳动教育在价值观念、工作目标上具有内在契合性，以社会工作专业方法为切入点，探索借鉴其为高校劳动教育服务的有效路径，对于培养大学生热爱劳动、诚实劳动、创造性劳动的品格，培养德智体美劳全面发展的社会主义建设者和接班人具有重要的理论意义和实践意义。目前，学界对高校劳动教育的研究主要从教育学、管理学的角度来阐释其概念，缺乏从社会工作专业的角度探索其实践。鉴于此，本节拟从社会工作服务于高校劳动教育的可行性出发，探索其路径与方法，以供学界参考。

一、社会工作介入高校劳动教育的可行性

社会工作自身的专业优势及其与劳动教育目标的契合性，为社会工作介入劳动教育提供了可行性。

其一，从问题导向来看，社会工作对解决劳动教育问题具有独一无二的专业优势。当前高校开展劳动教育的相关课程较少，且对其缺乏科学化、体系化的管理，劳动教育内容单一，教学方式方法简单，缺乏实践教学，教育过程缺乏互动性、针对性、实效性、持久性。如何破解当前劳动教育的困境呢？我们认为，以社会工作专业方法作为切入点，可为探索其介入高校劳动教育提供新的视角。这是因为：一是社会工作作为一门实践性很强的专业，能为大学生提供丰富的劳动实践机会。社会工作者因其工作性质而具备链接公益资源的条件和能力，可以为大学生提供与学校、社区、社会等有关的劳动机会，如专业实习或公益活动等；大学生也可为各公益机构、各社区提供活动方案创意、劳动宣传，以及志愿服务等特色劳动服

务，实现资源共享互补。二是社会工作具有激发人的潜能、促进人的全面发展的特点。社会工作者对服务对象收集资料并进行具体判断后，确定其是具备能力还是存在问题，而后可以充分利用周围资源对其进行有力支持，以提升服务对象的能力。三是社会工作具有全面、整合的服务特点，可提供综合服务。个人的成长与社会环境的改变密切相连，而社会环境的改变又与个人的成长密不可分。从劳动教育本身来看，其实施的基本途径是家庭教育，主要途径是学校教育，而社会教育则是前两种教育的延续和拓展。社会工作的服务对象不仅可以是大学生个体或群体，还可以是其家庭或社区等。若将服务对象定为大学生的家庭，可通过个案工作的专业方法，改变家庭不合理教育方式，完善家庭功能，从而纠正大学生的劳动观念与行为。

其二，从目标来看，社会工作与劳动教育具有内在的契合性。劳动教育主要是劳动价值观教育，是人们在劳动过程中表现出来的情感态度和价值取向，人们对劳动与自身关系的认识、如何看待个人劳动与社会劳动之间的关系等与劳动有关的认识问题，对人们的劳动选择和劳动行为起着引导和支配的作用。劳动教育具有强烈的时代特征与社会属性，一个人的劳动观极其重要，是一个人未来发展的基础。人的全面发展最根本的是人的劳动能力的全面发展，即人的智力和体力的充分发展。劳动教育旨在培养大学生发展创造性劳动的潜质，具备一定劳动知识与技能，具备良好的劳动习惯，具有正确的劳动价值观念的高素质全面发展人才。劳动教育的过程就是激发大学生劳动潜能、培训其劳动技能、培育其劳动情怀的过程，同时也是大学生接受社会磨砺从而被社会化的过程。而从社会工作目标来看，社会工作在服务对象层面的目标为解救危难、缓解困难、激发个人潜能和促进发展。社会工作关注服务对象能力的发掘与运用，强调社会要提供机会让每个人成长和发展，以挖掘其最大的潜能，让人人有平等机会参与社会活动。社会工作坚持助人自助的价值理念，强调通过社会工作者对服务对象的平等、尊重、接纳，使大学生提升理论素养，参与生产劳动实践，加深对劳动的正确认知，勤奋做事、勤勉为人，用劳动创造美丽人生，用奋斗谱写幸福乐章，使大学生朝着"德智体美劳"综合发展的培养目标努力，成为合格的社会主义建设者和接班人。

二、社会工作的工作方法介入高校劳动教育的路径

社会工作的工作方法有个案工作方法、小组工作方法、社区工作方法。这三种工作方法都可以为高校劳动教育提供可行的实施路径。

（一）将个案工作方法介入高校劳动教育中

个案工作是指运用专业的知识、方法和技巧，通过一系列的专业工作，帮助遭遇困难的个人或家庭发掘和运用自身的能力、周围的资源，改变个人与社会环境的关系，实现对人的尊重和肯定的过程。个案工作具有自己鲜明的特色，秉持接纳、尊重、个别化的价值理念。运用个案工作方法对大学生进行劳动教育，可帮助大学生探索自我，纠正其劳动价值观偏差，从而树立正确、科学的劳动价值观。

推进常态化劳动教育个案服务。个案工作是社会工作者与服务对象——大学生——一对一相互影响、相互作用的过程，注重发掘和运用服务对象自身的能力及其周围环境的资源，恢复和增强个人或家庭的社会功能。在服务对象确定阶段，社会工作者通过大学生的班主任和辅导员的转介、朋友的推介或大学生主动寻求获得服务，确定服务对象，并从生态系统角度对服务对象的需求开展评估，从而制订有针对性的专业服务计划。社会工作充分运用会谈、记录、搜集资料、策划方案、评估等技巧，发挥个案服

务的心理疏导功能与素质教育功能，使其成为学校德育实践的一部分。个案服务要求社会工作者将服务扎根于学校，对服务对象进行跟进与定期回访，同时还要求其特别注重个案工作中支持性、引领性、影响性技巧的运用，以确保服务效果的持久性。只有用积极定期的个案服务取代训斥的教化方式，才能够有效克服大学生的逆反心理，保护其自尊心，使其易于接受和理解。对长期无法完成劳动教育理论学习、具有突出的懒惰习惯和过度依赖家庭特征的服务对象，可通过认知错误的辨认，对其进行劳动意识的认知重塑。常态化劳动教育个案服务可通过会谈的方式进行。当服务对象出现的错误劳动认知时，社会工作者可通过引导性、影响性的技巧，如澄清、建议、忠告、对质等，重塑服务对象的认知行为。

提升家庭在劳动教育过程中的参与性。大学生劳动观念淡薄、劳动技能缺失等问题与家庭教育的缺失有着紧密联系。家庭为大学生提供了经济与情感支持，家庭成员的言行举止、生活方式会对大学生产生巨大影响，家庭成员对劳动教育的认可，有利于推动高校劳动教育的开展。社会工作者通过加强与家庭成员的合作，充分发挥家庭在劳动个案中的教育功能，对于提升家庭在劳动教育过程中的参与性，建立劳动教育良好的社会支持网络，为高校劳动教育创造良好的环境条件，都具有重要意义。社会工作者在个案过程中通过心理疏导、价值引导，可帮助大学生重估经验，改变大学生对劳动排斥的态度，树立正确的劳动价值观。具体路径包括：一是社会工作者应邀请学生及其家庭成员一同参与到制订计划、资源整合与评估的整个教育过程中。在申请与接案工作阶段，家庭成员也可提出愿望与诉求，参与到接案评估过程中。在预估与问题诊断阶段和计划制订阶段，家庭成员辅助提供服务对象的个人详细资料，这有助于社会工作者对服务对象的表现、问题成因、资源等进行更加科学的诊断。二是在开展服务阶段，每次会谈的问题与成效不仅要与服务对象进行交流，还要与家庭成员一同推进服务，发挥家庭的教育功能，共同发挥服务对象的潜在能力，促使其发生有效改变。在协调、评估与接案时，家庭成员要为服务对象参与劳动活动发挥教育、监督的作用，并为社会工作者提供持续跟进的信息反馈。三是家长在个案进行的过程中也应全面了解学生的问题与需求，家长与学生之间要加强沟通与联系，对于那些歧视劳动者、拒绝劳动、懒惰等不良意识和行为，特别需要大学生家庭的深度参与，有效防止、及时引导、反馈信息、持续跟进。

（二）将小组工作方法介入高校劳动教育中

小组工作是经由社会工作者的策划与指导，通过小组活动过程与组员之间的互动和经验分享，帮助小组成员改善其社会功能，促进其转变和成长，以达到预防和解决有关社会问题的目标的社会工作专业方法。小组工作注重人际依存与互动关系，通过成员间的相互依存与相互影响，以形成特定的小组文化与社会关系氛围。小组工作方法相对个案工作方法的适用范围更加广泛，能够有效弥补个案方法的不足，充分考虑大学生群体的个性需要，具有较强的体验感、趣味性、创造力与活动性。针对不同劳动需求的大学生，可以组织不同目标的小组活动，包括建立劳动教育理论学习小组、劳动兴趣小组、劳动榜样小组等。

建立劳动教育理论学习小组。劳动教育理论学习小组是组织小组成员学习理论著作、研机析理，提升自身劳动理论素养的学习小组。理论学习小组应实时跟进劳动教育理论，将前沿的思想以立体化、趣味化的方式传达给大学生，帮助其提高对劳动的认知，促进其正确、科学劳动价值观的树立。社会工作者可组建相应的劳动教育理论学习小组，促进劳动教育的推行。劳动教育理论学习小组可灵活选择活动内容以提升理论学习深度，如劳动教育读书会、研讨会、分享会等。除建立全新的理论学习小组外，还可借助现有的党员小组、兴趣社团等开展劳动教育学习活动。在小组设计过程中，应以理论学习为主，以实践活动为辅，注重大学生积极劳动思想的形成。小组工作方法介入劳动教育，可以适当开展多样化社会调查、社会生产劳动、志愿公益活动、创造发明、专业实习和勤工助学等社会实践活动，以加深小组成员对理论的理解，提升理论与实践的契合度，促进劳动教育的知行合一。

建立劳动教育兴趣小组。可在具有共同劳动兴趣的大学生中建立劳动教育兴趣小组，在相似性中形成彼此间的互助与支持，有利于劳动教育的开展。兴趣小组可采用小组讨论、行为训练、心理剧、角色扮演、游戏辅导、辩论、案例分析、报告会、演讲活动、影视欣赏等形式，以激发大学生兴趣，达到纠正其不良劳动态度，帮助其树立正确、科学劳动价值观的目的。社会工作者还可利用社区、街道、各类社会组织、学生社团等资源，开设水暖电器维修、室内装修、手工缝纫、编织、刺绣、书法和烹饪等方面的劳动技能课，增强大学生对劳动课的热爱，让劳动实践向知识化、技能化、艺术化等方面发展，给予大学生多方面实践的机会。

建立劳动榜样小组。劳动教育离不开榜样力量的激励，劳动榜样人物是崇高劳动精神的集中体现。劳动榜样小组的设计，应遵循兴趣教育原则、真实性与时代性结合原则和目标性原则。在实施过程中，社会工作者应结合学生的身心特点与兴趣，选取典型作为榜样，以激发高校劳动教育的积极性。榜样的选取与活动设计一定要具有说服力与示范作用。另外，榜样的选取还应以有助于学生劳动价值观的树立、劳动技能的成长作为主要指标，遵循小组工作流程，对其需求进行预估，并制定相应的阶段性工作目标，为案主提供服务并及时跟踪反馈。社会工作者可通过宣讲革命先辈的奋斗历史、当代优秀劳动模范的榜样精神，宣传榜样蕴含的劳动精神与优秀品质。

通过建立组内奖励机制，对具有示范引领作用的劳动模范小组予以鼓励，使小组成员感受到劳动的尊严、价值与意义，以达到改变劳动偏见、改善劳动行为、增长劳动知识的教育目的。同时，劳动榜样小组应注重引导小组成员查找自身与榜样人物之间的差异，充分发掘自身潜能，自觉提升自身素养。为充分发挥劳动榜样人物的重要作用，社会工作者可利用劳动模范、劳动案例等资源，分享优秀实习生、创业者的经验，推进组员与榜样之间的沟通交流，促进小组成员的健康成长。

（三）将社区工作方法介入高校劳动教育中

社区工作旨在以社区为对象，运用专业方法提高居民认识，调动居民充分利用社区资源，自主解决社区问题。社区多指具有某种互动关系和共同文化维系能力的人类群体的活动区域。大学校园是社会学所强调的地域生活共同体，具备社区的基本特征。将社区工作方法介入高校劳动教育中，可从以下三个方面着手。

发展学生自治组织。社会工作者应借助校园文化，鼓励大学生成为公共参与、升级发展、邻里互助、文化多元、环境友好"五位一体"的美好社区的主要建设者。社会工作者可借助学生会、社团等学生自治组织，参与到学生自治过程中，促进大学生关注公共事务。孵化和培育大学生自治组织可通过以下两个渠道：一是培育大学生组织骨干力量，将优秀组织者培育为自治组织的领袖人物，打造具有自治管理的优秀团队，通过团队增强内部成员的凝聚力和向心力，提高大学生对劳动教育的领悟力和认可度，创新教育理念，从而推动教育理念深入人心。二是鼓励学生自治组织开展诸如志愿公益、劳动技能、手工制作、科技创造、职业体验等形式多样、内容丰富的校园活动。开展具有感染力与趣味性的校园活动，使大学生在集体行为中投入情感，深化对劳动的认知，有利于扩大劳动教育的范围，提高大学生的参与度。

培育校园劳动文化。良好的校园文化是实现高校立德树人根本任务的隐形资源，也是劳动教育的重要载体。校园文化是指以高校学生特有的思想观念、价值取向、思维方式为主导，通过在校园内开展实践活动而形成的特有的精神环境和文化氛围。同社会文化一样，校园文化也是一个复杂的整体，其中蕴含着高校的教育制度、文化特色、校风学风、历史传统等。将校园文化渗透在劳动教育中，既能为校园文化注入劳动模范精神、大国工匠精神、艰苦奋斗精神等内容，进一步推动校园文化的内涵式发展，又能营造出劳动无时不在、无处不在的良好校园氛围。而良好的校园劳动文化氛围又能重塑大学生的精神风貌，对于落实立德树人根本任务、提升人才培养质量具有重要意义。社会工作者可通过加强与大学生学生会、社团、学校后勤保障部门的沟通联系，有效利用资源，共同开展富有劳动教育意义的实践活动，使大学生在校园文化活动中近距离感受劳动魅力，体悟劳动光荣。具体来说，可以开展诸如手工制作大赛、劳动主题辩论赛、劳动教育知识竞赛、劳动主题征文活动、劳动短片征集活动等。高校应运用现代技术，积极拓展新媒体领域，构建劳动信息传播平台。这些活动的开展，有利于形成崇尚劳动的校园氛围。校园文化活动的开展还应抓住"00后"大学生的特点，充分运用新媒体，实现线上与线下的统一，以增强实效性。例如，可利用微信公众号、微博等，定期在平台上发布兼具趣味性、知识性、思想性的劳动知识和校园活动；通过开设"劳模进校园""榜样在身边"等专题活动，采用微图说、微视频、面对面访谈等形式，分享劳动经历、传递劳动价值。只有这样，才能增强劳动教育的时代感、亲切感，让劳动教育"活"起来，让劳动教育"动"起来。

利用社区资源开展劳动教育。劳动教育旨在激发大学生的劳动热情，使其自主参与到学校、社区、社会治理中，增强其持续参与的活力，在社区实践中培育其劳动精神。社会工作者可通过动员和协调社区内外资源，有计划、有步骤地发动、组织大学生积极参与社区劳动教育活动，并以此培养大学生的劳动神圣意识，激发劳动参与热情。社区实践是大学生的劳动实践的一部分，通过与社区联合，发现社区问题，整合学校资源，开展劳动实践，这对于增强大学生的劳动技能，厚植劳动情怀，养成良好劳动习惯，具有积极意义。学校应与社区紧密合作，利用学生力量帮助社区开展各类创建活动，在解决社区实际问题中达到劳动教育的目的。此外，还可设置周末社区劳动岗位，鼓励大学生走进居民生活，开展配送快递、维修护理、卫生保洁、环境绿化等便民利民服务活动。大学周边社区可多开设一些大学生服务岗，为大学生志愿服务、参加社区劳动创造机会。大学生志愿服务的过程是从课堂走向社会的过程，是将劳动教育理论应用于劳动实践的过程，这个过程可使大学生学会生存、学会合作、学会创造、学会适应社会，这对于锤炼大学生的精神品质，树立正确、科学的劳动价值观，具有重要意义。

借助社会工作的科学方法开展高校劳动教育，不仅必要，而且可行。社会工作方法为高校劳动教育提供了可行的视角和切入点。社会工作的工作方法介入高校劳动教育，既是对具有中国特色劳动教育模式的积极探索，也是对努力实现社会工作本土化的积极回应。不过，需要指出的是，将社会工作的方法运用于大学生的劳动教育不是孤立的，而是整体的、系统的。要提高社会工作方法介入的实效性，三种方法须协调配合，形成合力，发挥整体功效。全面加强大中小学劳动教育是全社会共同的责任，是一个系统工程，需要政府加强统筹，整合家庭、学校、社会各方面力量，拓宽教育途径，共同发力。面对对在校学生加强劳动教育的新要求，社会工作者在劳动教育中大有可为，也将扮演劳动教育指导者、资源链接者等多重角色。

高校应结合学校自身的特色和实际，充分发挥社会工作者在劳动教育中的作用，通过社会工作专业方法提高劳动教育的实效性和针对性。

第五节　传统文化与高校劳动教育

中华优秀传统文化是高校劳动教育不可或缺的组成部分，对当下我国高校劳动教育具有重要作用。劳动教育蕴含着的丰富的价值，即是加强劳动教育，有利于实现强身健体；有利于塑造社会主义核心价值观；有利于促进人的全面发展。劳动人民在历史长河和时间积淀中形成的中华优秀传统文化，是高校劳动教育的重要文化资源。推动中华优秀传统文化融入高校劳动教育，我们需要探寻两者有效融合路径。

如何正确认识视域下高校劳动教育的价值底蕴，如何在大学生中开展有效持续的劳动教育迅速成为学术界关注的焦点问题。中华优秀传统文化是我国劳动人民在长期的生产社会实践中积淀的一种特殊文化形态，蕴含着丰富的劳动教育资源。因此，推动中华优秀传统文化有机融入高校劳动教育，符合时代价值和现实意义。

一、高校劳动教育的意义追寻

（一）劳动教育有利于实现强身健体

劳动在人类进化过程中发挥着重要的作用。猿类向人类进化的过程中，以劳动作为载体开始练习直立行走，逐渐将四肢独立出来，四肢的发展带动了整个身体机能的发展，最终发展成为具有独立意识的"人"。而正是通过劳动这一载体，才使得动物和人的界限逐渐清晰。当下，全民健康水平不断下降，亚健康的趋势愈演愈烈。为了更好地适应高强度快节奏的社会生活，人类必须使得身体的各个器官、各项系统充分活动起来。通过劳动教育，使得大学生拥有强健的身体，尤为重要的是实现劳动教育的技能"协同"。这里说的"劳动"不仅仅是身体上的训练，而且是指身心合一、身体力行、动手操作的活动。通过劳动教育强身健体，充分调动肉体的耐力、毅力和劳累，也增强了心灵的专注、投入、兴奋和需要。大学生以积极能动的态度投入劳动过程，能够有效发挥创新性，提升个体的精神世界，促进个性自由全面发展。

（二）劳动教育有利于塑造核心价值观

让广大大学生明白劳动的重要性，是在和谐的劳动关系中推动社会进步、实现中国梦的前提条件。随着社会的发展，社会大力提倡劳模精神和工匠精神的建构，这是从劳动这一维度对个人去践行社会主义核心劳动观提出的历史使命和时代担当。劳动教育是实施素质教育的重要一环，对树德、增智、强体、育美起着重要作用。高校通过开设劳动教育课程和借助社会实践等方式，帮助大学生树立科学的劳动价值观，并明白劳动教育的深厚内涵和价值，从而能够形成崇尚"劳动光荣"的良好风尚，逐渐帮助大学生树立社会主义劳动核心价值观。

（三）劳动教育有利于促进人的全面发展

人的全面发展是在实践过程中不断地获得身心解放和自由、丰富人的本质的过程。然而，完成人的全面发展离不开劳动这一载体。生产劳动与智育、体育的有机融合，能够不断将无形的力量转化为可量化的生产力，也可以借助这种手段不断地促进人的全面发展。因此，实现个人发展的重要途径离不开劳动教育。现代教育应该把教育融入生产劳动的全过程，提供丰富的教育文化资源，将终身教育的精神熔铸于人的全面发展中。新型的劳动教育，会使个体摆脱原有的狭隘劳动的片面性，提高人的创造能力，促进人的自由全面发展。

二、中华优秀传统文化的劳动教育价值意蕴

劳动教育绝不是简单意义上的劳动技术知识和劳动技能的教育，更重要的是对学生进行科学的劳动观教育，开展丰富的教育活动，从而实现增智、树德、促创新的价值目标。我们在环境下想要开展有效的劳动教育，就需要从中华优秀传统文化中汲取营养，找寻无法替代的劳动教育资源，整合深邃的劳动精神。

（一）中华优秀传统文化彰显了劳动的哲学价值

人的生产劳动不仅是作为生存发展的外在需要，也是人们调节人与德行的内化方式。我们的祖先在农耕劳动中制造了一系列劳动工具，从简单粗放的石质工具到精耕细作的农产工具，都体现了中国人民在生产劳动中的智慧之美。农耕时代，单个的劳作方式不足以让人类存活下来。于是，群体的劳作方式成为华夏人民的必然选择。他们利用劳作的空余时间，将他们的生产生活经验口耳相授地保存下来，给千万华夏儿女留下宝贵的精神财富。早在春秋时代，孔子就提出了勤劳是成仁尽孝的内在德行。孔子的"仁孝"观念中，他认为仁德是成人之根本，而勤劳则是成人成德的内在要求和逻辑前提。从中我们可以看到，孔子认为劳动教育对于养成仁德、勤劳的品质有着独特作用。中华优秀传统文化处处彰显了劳动的重要性，劳动是修炼内在德行修养的最好方式。这是中华民族在生产实践中总结出来的宝贵经验，更是人们思想观念从束缚走向解放的巨大飞跃。

（二）中华优秀传统文化阐释了劳动的生态智慧

传统的农耕方式遵循自然法则，改善了原有的自然条件，也为物质的循环可持续生产提供了支撑，是一种"天人合一"的生态逻辑。华夏祖先利用自然改造世界，不仅体现了辛勤劳动的奋斗精神，更为重要的是他们顺应天命、艰苦朴素和宽以待人的精神内核。中国古代占据主流地位的哲学观强调"天人感应"，讲究天时、地利、人和的相互作用。这种哲学观作为中国古代宇宙观的核心要素，衍生出很多对于指导农业生产的实际建议。这些指导作用均强调了一种生态和谐之美，随着这种自然和谐之美慢慢升华，人与自然的依赖关系逐渐转变到人与人，人与社会的关系。

（三）中华优秀传统文化传播了劳动的创新精神

人类从采集食物到农业生产，并不是一蹴而就的，这是需要长期不懈的摸索和尝试。在人们对客观事物不断认识的过程中，个体的主观能动性和实践创造性也随之大幅度提高。当我们惊叹于中华文化博大精深、鬼斧神工的时候，我们应该清晰地看到，这些都离不开中华民族的辛勤劳动和伟大的创造能力。《齐民要术》是人们对农耕工具、农耕技术的创新性总结；古代的四大发明是华夏人民的创新性发明并传播到世界各地；天文、水利技术都是劳动人民总结生产生活的宝贵经验，体现了劳动人民的创造性。

三、中华优秀传统文化融入高校劳动教育的实践路径

（一）改变观念，提高认识

对中华优秀传统文化的学习，首先要让大学生改变自身原有的错误认

识，他们认为中华优秀传统文化不再能够跟得上信息化时代的发展步伐。因此，大力增强大学生中华优秀传统文化的认同感，这是提升劳动教育效果的前提条件。大学生对中华优秀传统文化的理解在某种程度上影响着中华优秀传统文化与劳动教育两者相融合的成果。首先教师可以利用课堂教学这个主阵地，深入挖掘中华优秀传统文化和大学生的劳动教育两者之间的相关性，结合中华优秀传统文化的核心精髓多形式地对大学生进行劳动教育。其次可以鼓励大学生阅读具有代表性的书籍，从中吸取劳动文化精华，领悟劳动文化的魅力，使得大学生更深入地了解劳动文化。除此之外，将单一形式的劳动教育活动转化为常态化教育，通过网络媒介，建立交流论坛，在日常生活中就可以感受到劳动文化的学术氛围，增强大学生学习传统文化的兴趣。

（二）亲身体验，融入实践

大学生的劳动教育不应该停留在课堂上，而是应该积极探寻多种大学生所喜闻乐见的内容形式，创新性地开展丰富多彩的高校劳动教育活动。因此，现阶段，高校应将中华优秀传统文化融入劳动教育工作，应当着重突出劳动教育这一主题，致力于把劳动教育深入落实高校大学生社会实践活动的整体规划，而不是将劳动教育浮于表层。积极发掘适用于高校劳动教育的社会资源，一方面将优秀传统文化融入社会实践，实现课堂教学与实践体验相结合。比如：可以经常组织同学们积极踊跃参与社区服务，鼓励同学们深入实践，加入寒暑假志愿服务活动。另一方面，高校可以抓住以重大历史节日为契机，努力探寻传统节日积淀的文化因子，并可依托我国的"劳动节"等传统节日，开展多种形式的劳动教育主题活动，使得高校的学生们能够不断地在实际参与体验中逐渐地将劳动教育的理念内化。

（三）文化资源，走进校园

加强中华传统文化的学习，推进中华优秀传统文化资源走进校园。一要挖掘传统优秀文化资源，旨在将我国优秀传统文化中的"劳于利己""劳动至上"的思想内核融进实际活动之中，逐步引领大学生对我国优秀传统文化的认知。二要推进文化传承的实践，要寓学于行，坚持学习实践相结合。在文化资源学习研究中，走向社会，开展丰富的社会实践活动，使得文化资源得到更好的宣传。三要使文化资源承载的劳育品质外化为为民服务的实际活动。可以说中华优秀传统文化资源进校园，是实施劳动教育的核心内容，是提升劳动教育的重要手段。

总之，广大教育工作者要善于深挖中华优秀传统文化中的文化资源，大力研究劳动教育的价值，通过有效的劳动教育活动为培养出合格的劳动者和接班人。在高校劳动教育过程中，要充分挖掘中华优秀传统文化的丰富资源，将中华优秀传统文化和劳动教育活动有效整合，构建校园崇尚劳动的良好风尚。创新劳动教育形式，充分借助中华优秀传统文化的优势，多途径的传播和弘扬优秀的劳动观，这对于开展高校劳动教育是有效的措施。

第四章 高校开设劳动教育课程的基本要求

　　奋斗的青春最美丽！劳动是推动人类社会发展的根本力量，也是通向伟大梦想的阶梯。天上不会掉馅饼，努力奋斗才能梦想成真。劳动创造物质财富，劳动磨炼品质，更凝聚宝贵的精神财富。知行合一，立德树人，劳动是最好的教育途径。劳动不能仅仅喊口号，要靠实干出真知。大学生劳动教育必须要和社会实践结合，同时也要校内各职能部门密切配合，同频共振，统筹布局，分步实施，形成一个行之有效的育人机制。本章从实际运行入手，为大学生劳动教育提供可行的方案。

第一节 高校劳动教育课程的组织机构及工作职责

一、高校校级组织机构及工作职责

　　大学生基础劳动教育课既是一门文明校园的创建课程，又是一门改变师生行为习惯、使其学会做人做事的实践课程。要教育实践好这门课程，一定要有较强的策划力、组织力、执行力，才能达到劳动教育课的效果。否则，就可能一盘散沙，成为一门自由"放羊式"、没有任何教育效果的课程。

　　为了有序和规范地实施劳动教育课，高校可成立劳动教育课教学委员会和教研室等机构，主要负责劳动教育课程的策划、指导、组织、实施、检查和管理等教学教务工作。

（一）劳动教育课教学委员会及工作职责

劳动教育课教学委员会的主要职责如下。

（1）根据本校实际，建立和完善劳动教育课各项规章制度。

（2）负责研讨劳动教育课有关教育教学重要政策规定。

（3）及时解决劳动教育课学生反映的重要问题，督促劳动教育课取得最佳效果。

（4）努力探索、改革高校劳动教育课实施和管理模式，不断丰富劳动课内容，创新教育教学形式。

（二）劳动教育课教研室及其工作职责

劳动教育课教研室的主要职责如下。

（1）负责制订劳动教育课的教学计划、组织实施、检查考评、成绩录入、学分管理和奖惩等规章制度。

（2）加强劳动课的普遍教育，明确劳动目的，端正劳动态度，充分调动广大学生参加劳动的积极性。

（3）具体负责劳动教育课的计划组织、理论教学、技能培训、实践指导、考勤管理、检查督促、讲评反馈、问题整改和资料整理等工作。

（4）认真了解和掌握劳动教育课实施过程中反映出来的问题，做好家校联系沟通，及时解决问题。

（5）按照教务处的安排，结合劳动教育课存在的问题，开展教育教学经验交流、集体备课和研讨活动。

（6）不断探索创新大学生劳动教育课的方法和形式，丰富劳动课程内容等。

二、机关职能部门工作职责

按照教学规定和组织实施劳动教育课的实际，以下职能部门具有分工负责的工作职责。

（一）教务部门工作职责

（1）负责指导协调各二级学院按照党和国家的教育方针和培养目标，即"培养德、智、体、美、劳全面发展的社会主义劳动者和接班人"，修订各专业人才培养方案，审核批准专业人才培养方案。

（2）负责指导劳动教育课教研室，根据学校教学规定和劳动课的计划安排，组织劳动教育课程日常教学管理工作，规范课程教学流程、检查督促教学与实践效果，及时整改存在的问题。

（3）负责每学期期初、期中、期末三次大检查，不断规范课程体系，完善课程教学存档资料，提高课程教育教学质量，努力使劳动课教育教学更加制度化、规范化。

（4）负责劳动教育课学生个人课程成绩、学分管理，指导课程补考、重修等工作。

（5）负责指导劳动教育课教研室做好劳动教育课程的教学改革，不断探索创新劳动教育课的教学和实践内容、形式和方法。

（二）学工部门工作职责

1. 指导劳动教育课教研活动

根据教务部门有关课程教学规定和劳动教育课的实际，不断修订和完善符合劳动教育课实际的课程体系，科学制订学年度劳动教育课教学实践计划安排，并指导实施，健全劳动教育课规章制度，使劳动教育课更加制度化、规范化。

2. 加强劳动教育课宣传教育

加强对广大学生劳动教育课的宣传教育工作，组织实施党和国家教育方针的教育，充分认识高校开设劳动教育课的重要性和必要性，明确课程建设目的，端正劳动态度，努力营造劳动教育课的教育宣传氛围。

3. 协调院（系）课程安排、具体实施

负责指导协调院（系）做好劳动教育课的组织实施、检查督促、问题整改等工作，主动协调各职能部门劳动教育课教育教学，特别是实践课有关工作，及时协助解决劳动教育课的有关问题。

4. 指导院（系）和辅导员工作

及时掌握学生对劳动教育课的思想反馈情况，树立和宣传吃苦耐劳表现突出的典型，广泛调动大家参与劳动教育课的积极性、主动性。

5. 指导资料归档工作

指导劳动教育课教研室按照课程建设的要求，收集、整理、归档，规范地做好劳动教育课的存档资料。做好每学年教育教学工作总结，开展好各项教研活动。

6.组织做好劳动教育课程的探索与创新

在开展组织实施劳动教育课过程中，应及时收集劳动教育课程教学过程中的新情况和出现的新问题，及时进行分析研讨，不断探索大学生基础劳动教育课的新形式、丰富教学新内容，力争取得新效果。

（三）后勤部门工作职责

1.提出符合实际的劳动标准

后勤部门作为文明校园创建的重要职能部门，应根据校园文明卫生、环境绿化等要求和广大学生的实际，提出校园基础劳动的有关标准。如教室、实验实训室、大厅、走廊、厕所等室内的地面、墙面、桌面、门窗面、玻璃面和天花板的清扫干净的标准，提出广场、道路、运动场、篮球场、人行道、绿化带（地）等室外清扫、清捡干净的标准，使学校劳动教育课的组织实施者对照标准提出要求，更加有的放矢。

2.组织劳动技能和方法培训

后勤总务部门应定期组织学生骨干进行劳动技能和方法的培训，进行正确的劳动姿势培训，掌握好各种劳动工具的使用方法，学会爱护劳动工具。熟练地掌握劳动技能和劳动工具，如现代智能劳动工具的使用方法和技能，从而极大地提高劳动教育课的质量和效果。

3.协助做好劳动课日常检查

后勤总务部门和学校督察部门共同履行劳动教育课日常实施情况的检查指导工作，及时巡查发现校园各区域劳动教育课存在的各种问题，及时提出整改意见，协助抓紧抓好整改落实工作，提升劳动教育课的日常教学工作质量。

4. 参与统一组织的劳动督察

一般情况下，学校每周要组织一次全面、彻底的劳动教育课检查，按照统一组织和分工负责相结合的检查方式，认真详细检查，发现问题及时汇报并提出整改意见，落实好检查责任。

5. 做好劳动教育课工具保障

根据劳动教育课参加学生人数所需要劳动工具以及劳动工具正常损耗等情况，及时按程序申请、审批、购买和补充，切实保障好劳动教育课所需要的劳动工具。

三、二级学院工作职责

高校的院（系）是大学生劳动教育课程的直接领导和组织者，负有重要的课程教育教学和实践责任。高校教师和辅导员对大学生基础劳动教育课程负有直接和具体组织落实的责任。

（一）院（系）职责

1. 纳入人才培养方案

根据学校劳动教育课教学委员会和教务处有关课程教育教学要求，将劳动教育纳入重要的议事日程，制（修）订各专业人才培养方案，报教务处审批执行。

2. 制（修）定规章制度

制（修）订劳动教育课教育教学有关规定制度和教学计划，完善人才培养方案和教学计划的具体规定与措施，认真落实劳动教育课的教学制度、计划和奖惩规定。

3. 明确领导分工

明确院（系）领导对劳动课教育教学的组织实施和分工负责，加强各班级劳动课的督促检查，发现问题及时整改，不断提高劳动教育课的教学实践效果和质量。

4. 做好宣传工作

要做好劳动教育课的普遍宣传教育，按照课程要求上好劳动教育理论课，增强劳动意识，端正劳动态度，重视发现劳动实践过程中的好人好事。

5. 完善课程档案资料

按照课程教学管理规定，及时收集劳动教育课的各种教学资料，做好考勤和教学登记，规范整理，完善归档。及时录入学生的课程成绩，做好补考重修工作。

6. 做好课程改革创新

不断进行劳动教育课的理论教学与实践改革，不断探索在高等院校开设劳动教育课程的途径与方法，尤其是与专业建设相结合的劳动教育，不断增强劳动教育教学的教育效果，努力实现人才培养目标。

（二）教师或辅导员职责

1. 制订详细计划并分工负责

根据学校教务部门和学工部门关于开展大学生基础劳动教育课程的要求，对照各自参加劳动教育课的班级及人数，制订详细的劳动课计划，分成区域劳动小组，指定小组长，做好分工工作。组织班委会议和班会，明确有关规定，提出落实好劳动教育课的具体措施和要求。

2. 重视教育，统一思想

教师或辅导员根据学工部门和劳动教育课教研室的布置和要求，组织好 4 课时的劳动教育理论课的备课，充分准备，编写好教案并认真组织教学，做好劳动教育理论课教学登记、考勤登记、过程登记、效果评价登记，形成完整的理论教学资料。

3. 遵守制度，落实规定

负责劳动教育课组织实施的辅导员，应坚持劳动教育课课程标准和制度，做好每天早上集合考勤登记和管理工作，做好每天劳动实践课结束后的小结评讲，加强对劳动课实践过程中问题的自查整改工作，重视对劳动教育课实践过程中的好人好事的宣传和氛围营造工作，做好劳动课教育教学总结。

4. 交流经验，树立典型

教师或辅导员在劳动教育实践中，注重收集在劳动中不怕苦、不怕累、不怕脏、吃苦耐劳的典型事例，组织撰写心得体会和交流经验。注意利用实践过程，对典型学生给予评先评优，培养入党积极分子和发展党员。

5. 耐心细致，做好工作

对少数认识不到位、态度不端正、出工不出力，甚至出现找借口请假躲避劳动等行为的学生，要及时沟通，做好耐心细致的思想教育工作。对个别我行我素、屡教不改、无特殊原因不参加劳动的问题学生，除给予补考、重修外，还应严肃批评、教育，情节严重的要给予纪律处分。

6. 加强自查，提高效率

校园劳动，由于点多、面广、线长，应科学组织，合理分配和分工。要组建一支 5～8 人的督察小组，由辅导员担任组长，全体成员均熟悉校园环境和有较强管理能力，通过在劳动中反复巡查，发现问题当场整改，从而提高劳动课的质量和效率。

7.收整资料，分类存档

教师或辅导员要根据学校有关课程教学管理规定和要求，认真完整地收集课程计划备课教案、成绩登录和分析表、考勤表及课程教学实践总结等，填写整理好教学情况登记表，由教研室存档保管。

第二节　基础劳动教育课程的基本要求和课程内容

一、劳动教育课程概述

（一）课程性质

劳动教育是国民教育体系的重要内容，是学生成长的必要途径，具有树德、增智、强体、育美的综合育人价值。实施劳动教育的重点是在系统的文化知识学习之外，有目的、有计划地组织学生参加日常生活劳动、生产劳动和服务性劳动，让学生动手实践、出力流汗，接受锻炼、磨炼意志，培养学生正确的劳动价值观和良好的劳动品质。

（二）课程目标

通过劳动教育，使学生能够理解和形成马克思主义劳动观，牢固树立劳动最光荣、劳动最崇高、劳动最伟大、劳动最美丽的观念；体会劳动创造美好生活，认识到劳动不分贵贱，热爱劳动，尊重普通劳动者，培养勤俭、奋斗、创新、奉献的劳动精神；具备满足生存发展需要的基本劳动能力，形成良好的劳动习惯。

（三）课程学时

普通高等学校要明确劳动教育主要依托课程，其中本科阶段不少于 32 学时。除劳动教育必修课程外，其他课程应结合学科、专业特点，有机融入劳动教育内容。每学年要设立劳动周，可在学年内或寒暑假期间自主安排，以集体劳动为主。也可安排劳动月，集中落实各学年劳动周计划。

根据需要编写劳动实践指导手册，明确教学目标、活动设计、工具使用、考核评价、安全保护等劳动教育要求。

（四）课程学分

劳动教育课总课时计 2 学分。学生个人修满课时、达到理论考试和实践考核标准，并且劳动态度端正、遵守劳动纪律、劳动效果明显，结合个人平时行为习惯评定课程成绩，60 分及以上为及格，未达到 60 分者应重新修读，学生所获学分、成绩记入个人档案。

（五）内容要求

根据课程教育目标，主要以日常生活劳动、生产劳动和服务性劳动为主要内容开展劳动教育。结合产业新业态、劳动新形态，注重选择新型服务性的劳动内容。

高等院校要注重围绕创新创业，结合学科和专业积极开展实习实训、专业服务、社会实践、勤工助学等，重视新知识、新技术、新工艺、新方法应用，创造性地解决实际问题，使学生树立诚实劳动意识，积累职业经验，提升就业创业能力，树立正确择业观，培养到艰苦地区和行业工作的奋斗精神，懂得空谈误国、实干兴邦的深刻道理。注重培养学生的公共服务意识，使学生具有面对重大灾害等危机事件时主动作为的奉献精神。

二、劳动理论教学内容和基本要求

（一）理论教学的基本要求

1. 明确目的

应明确劳动教育的教学目的，通过理论教学，提高学生对劳动教育课的认识，增强劳动意识，掌握基本的劳动知识，明确劳动教育的目的意义、劳动教育的组织形式和方法等。

2. 充分准备

劳动教育理论教学中老师要提前做好调查研究，收集有关资料，结合学生缺乏的和实际需要的认真准备教案，做好教学课件，使用多媒体教学，提高课堂教学效果。

3. 讲究方法

重视劳动教育课程教学改革，应采取研究讨论式、启发互动式教学，必要时可以把课堂搬到现场去，贴近实际进行理论教学，增强课堂互动性，活跃课堂气氛。

（二）理论教学的基本内容

组织开展国家相关法律、劳动知识、劳动安全、劳动纪律等方面的教育，学习劳动模范人物的先进事迹，讲解学期劳动计划与安排等内容。通过组织动员教育，树立劳动最光荣、劳动最崇高、劳动最伟大、劳动最美丽的劳动观念，引导学生热爱劳动、尊重劳动、珍惜劳动成果，自觉遵守劳动安全法规。

三、劳动实践教育课程的内容与要求

高校劳动教育课程应以劳动品德教育为基础，涵盖劳动概论、劳动方法、社会分工、劳动合作等内容。要注重系统化，在劳动教育必修课的基础上将劳动教育渗透到专业教育、社会实践教育和校园文化建设中，从道德、法律、就业等多方面全方位进行大学生劳动教育。

（一）校内劳动实践教育课程的内容与要求

1. 校内劳动实践教育课程内容

高校要组织开展丰富多彩的校内劳动活动。丰富多彩的校内劳动是激发学生劳动兴趣和热情的有效方式，是对劳动教育必修课的重要补充和延展。相对于劳动理论教育而言，校内活动具有良好的参与性和体验性，能够促进学生将劳动知识和劳动实践相结合，学以致用、知行合一。在学校日常教育教学中，劳动教育要与学生的校园活动紧密结合起来。比如，积极组织开展劳动技能及劳动知识竞赛，使学生自觉积累劳动知识，引领学生将劳动理论知识灵活运用于校园劳动。结合劳动教育的目标及办学条件，组织开展"大学生劳动周"等活动，壮大学校劳动教育型社团，探索建立微型"校园农场"，以年级、班级为单位，采取学生轮值轮岗种植栽培农作物、绿植花卉等方式，增强学生的劳动责任意识。同时可以开办以室内设计、勤工俭学、废物再造、器材维修等内容的兴趣小组，增强学生的自主劳动意识和能力。另外，也可以由班主任、辅导员或学生干事指导学生结合校园生活和社会服务组织开展劳动实践，如校园环境卫生清洁、学雷锋活动、校内公益劳动、服务校级或学院（部）级大型活动（迎接新生活动、校园招聘会、校内学术会议、校内展览会、运动会、公共设施维护、校内防台风及台风后救灾等）。

2. 校内劳动的主要区域

在高校校园内，总体来说有以下主要区域，而这些区域内的清扫卫生、整理物品、优化环境等工作，一般可安排在学生的基础劳动教育与实践课、师生的义务劳动、校园文明创建或者志愿者活动中完成。

（1）教学楼。主要包括楼内各教室和走廊、楼梯、露台、休闲场所、公共卫生间及周边等区域。

（2）实训楼。主要包括楼内各实验实训室、走廊、楼梯、露台、休闲场所、公共卫生间及周边等区域。

（3）活动中心和图书馆。主要包括活动中心和图书馆的活动室、藏书室、阅览室、走廊、礼堂、露台、报告厅、休闲场所、公共卫生间、各类办公室、资料室及周边等区域。

（4）师生公寓。主要包括公寓各楼内走廊、楼梯、露台、值班室、休闲场所、庭院内及周边等区域。

（5）道路、广场。主要包括校内各机动车主、次干道以及人行道和小道等。广场主要有集会广场、休闲广场、运动场、停车场、各种球类场馆等。

（6）食堂、车库。主要包括校园内所有食堂和餐厅，地下人防设施和地下停车库及周边等区域。

（7）校内绿化地、生态园等。主要包括校园内各区域的绿化地、绿化林、校园湖（池）、果树园、生态园及校园周边等绿化区域。

（8）校园其他有关区域等。

3. 校内劳动要达到的环境卫生效果

（1）室内区域。保持过道、台阶、地面等干净、无积水、无烟头、无各种垃圾；桌面、墙面、天花板、窗户、玻璃和门面保持清洁卫生，无乱张贴乱挂，无灰尘和蜘蛛网等。

（2）室外区域。无树叶、烟头等垃圾和杂物堆积，保持室外公共卫生环境干净、整洁。

（二）校外劳动实践教育课程的内容与要求

高校要创新校外劳动实践教育。社会是劳动教育的重要主体，社会教育包含着丰富的劳动教育资源，是多元主体协同参与、动态创新的劳动教育组织形式。校外劳动教育要重点开发社会劳动实践教育资源，开辟校外劳动实践教育基地。要结合学生不同阶段的学习需求和成长需求，科学设计和规划校外劳动实践教育方案，采取大学生社会公益服务劳动、研学旅行、顶岗实习等方式，引导学生在多产业融合进程中积极学工学农，在农业生产、工业制造、基层服务等社会生产环节增长劳动技能、磨炼意志。也可用智力帮助校外企事业单位、机关团体、社区等完成产生价值的活动或项目，如分析、统计、调研、设计、决策、组织、运筹等。

此外，学校要重视布置和设计校外劳动作业，采取日常打卡、家长反馈及学生自评、校评的方式，鼓励学生在课余时间主动承担起家庭劳动责任和义务。大学校外劳动任务要对大学生承担家庭经济责任提供有效建议，使劳动教育与学生的生存和发展能力培养结合起来。

（三）劳动实践课安全注意事项

（1）负责打扫学校大门口的学生，在打扫时应小心过往车辆，注意及时躲避。

（2）负责打扫楼前楼后的学生应小心楼上的同学往下丢东西，防止被砸伤。

（3）负责打扫各专用教室、实验实训室的学生，别乱动不认识的东西，防止出现一些不必要的损伤。

（4）负责擦门的学生应注意把门上锁，防止在门后打扫时，有人突然推门造成受伤。

（5）负责擦玻璃的学生应该注意防止从窗台上摔下来。

（6）负责擦灯管、电扇、挂画的同学，除注意摔伤外，还要小心触电，开灯时绝不能擦灯管。

（7）负责打扫台阶的学生防止踩空、摔伤。

（8）负责清理垃圾道的同学应注意垃圾道里的一些碎玻璃、石头等，防止对自己造成伤害。

（9）打扫中杜绝玩耍打闹，防止误碰其他同学，致使自己和他人受伤。

（10）打扫中应留意他人，以免对他人造成伤害。清理垃圾道的同学使用铁锹时，注意别误碰伤他人，负责打扫楼上的同学忌高空抛物。

（四）对劳动实践教育课程管理者的要求

（1）学校应成立劳动教育课程领导小组，主要负责专业人才培养方案的修订，决定劳动教育课程有关教育教学、组织实施、检查考评、成绩管理、学分登录和奖惩等规章制度，督促劳动教育课程取得良好的数学效果。

（2）劳动课教研室主要负责专业人才培养方案的完善，负责劳动教育课的教学与管理实施、劳动教育课情况考核汇总、学生个人成绩评定与录入、根据学生劳动教育课成绩情况确定补考、重修和是否发放毕业证书等工作。

（3）二级学院应成立以院长助理为组长和有关辅导员、教学秘书等为成员的劳动教育课实施工作小组，各班级应成立以班长、团支部书记为负责人的劳动教育课程组织管理和考评小组。根据校园劳动区域范围，划分成若干个劳动小组和一个考评小组，把班级学生劳动教育课落到实处。

（五）对学生的要求

参与劳动课的学生要认真上好劳动理论课，参加有关培训，掌握必要的劳动知识和技能以及有关安全注意事项；熟悉劳动的项目、范围、劳动标准和目标要求；劳动过程中，劳动态度要端正，不怕苦，不怕累，按时上下岗，不得迟到、早退、串岗和旷工；服从安排，听从指挥，积极主动完成工作，不消极怠工，完成规定的课时和学分；在劳动期间，要爱惜劳动工具和学校设施。

总之，学校劳动实践教育是一项系统工程，学校要高度重视劳动实践教育课程体系建设，使学生的奋斗热情在劳动与创新中迸发，为时代进步积蓄青春力量。

四、高校基础劳动教育的发展趋势

高校应大力弘扬劳动精神，教育引导学生崇尚劳动、尊重劳动，懂得劳动最光荣、劳动最崇高、劳动最伟大、劳动最美丽的道理，步入社会后能够辛勤劳动、诚实劳动、创造性劳动。高校应努力构建德智体美劳全面培养的教育体系，形成高水平人才培养体系。

（一）赋予劳动教育新内涵

劳动教育的内涵总体来讲可以将其概括为以下五个方面。

（1）在地位上，劳动教育应该是人才培养体系的重要组成部分。

（2）在内容上，劳动教育有新的拓展：劳动的内容越来越丰富，形式越来越富于变化；劳动者的流动性越来越强，总体上劳动在朝着"劳动者体力支出越来越少，智力支出越来越多"的方向发展；劳动主体的作用越来越突出，人才的重要性越来越明显；劳动作为谋生手段的同时，也出现了"乐生性"的特点——劳动发展成为一种愉快幸福的劳动，而不再都是痛苦的、消耗体力的劳动。

（3）在形态上，劳动教育是劳动的技能培育、实践锻炼，劳动首先掌握技能，最后运用于实践，这样才能解决"不珍惜劳动成果、不会劳动、不爱劳动"等问题。

（4）在目标上，劳动教育以提高学生的劳动素养为重点。特别是在大学阶段，劳动教育不能让学生仅限于会做家务、会做一点儿农活，大学生需要培养全面素养，即劳动价值观、劳动情感态度、劳动品德、劳动习惯、劳动知识与技能。

（5）在目的倾向上，劳动教育应该追求内在价值和外在价值的统一。过去的教育在培养人过程中多强调成才，在强调如何做人方面显得不够。一个人在成才的同时也要学会做人，还要有内在的东西——"德"。人的内在修养需要达到一定的标准，劳动会在过程中对人格产生塑造作用。

（二）基础劳动工具将智能化

随着科学技术和人工智能的发展，为了降低人工成本和提高劳动效率，未来基础劳动工具将出现更多智能型清洁设备和环卫设备，如电动扫地车、洗地机、电动尘推、高压清洗机、三轮冲洗车等。同时，劳动方式也会随之发生变化，传统的机械性劳动将被自动化机器、智能机器人取代。

1. 电动扫地车

大学校园占地面积大、师生多，产生的垃圾也多；校园绿化好，树木秋冬季节或者树叶更换新叶的时候常常有很多树叶枯枝掉落，这个时候就需要扫地车进行清扫，依靠人工清扫费时费力。电动扫地车非常契合环保的理念，是一种必不可少的清洁工具。

2. 洗地机、电动尘推车

学校食堂、体育馆等室内地面的清洁比对室外更加严格，可以使用洗地机、电动尘推车进行作业，让地面达到一尘不染的效果。

3. 高压清洗机、三轮冲洗车

高压清洗机是一款非常高效的清洁工具，其利用水射流技术能够将一些难以清理的污渍轻松地去除。三轮冲洗车是在高压清洗机的原理上改造升级而成的，其变成了一款行走的高压冲洗车，作业范围扩大，应用范围拓展，在校园中多用于路面的冲洗。

（三）高校劳动教育的实施路径

劳动教育必须遵循规律，针对各年龄段学生特点，以体力劳动为主进行劳动教育；必须体现时代特征，适应科技发展和产业变革，针对劳动新形态，注重新兴科技支撑和社会服务新变化进行劳动教育；必须强化综合实施，加强政府统筹、拓展劳动教育途径，整合各方面资源进行劳动教育；必须因地制宜，结合自然、经济、文化等条件进行劳动教育。

1. 推进劳动教育与专业教育相结合

严格地讲，劳动教育与专业教育在过程和目标上是具有内在统一性的。要在专业课程中自觉强化劳动导向、自觉融入劳动要素，构建具有本专业特色的劳动教育价值体系。同时，注意加强专业教育中劳动知识的传授和劳动技能训练，培养劳动精神、劳模精神、工匠精神。

2. 推进劳动教育与实习培训教育相结合

在学校教育中，要注意统筹校内和校外、课堂和实践两种教学方式和教学环节，引导受教育者在实习、实训、考察、调研中，走进劳动生产一线，走进企业、社区、乡村，同广大普通劳动者交流、交心，加深与劳动人民之间的感情，增加劳动知识，提升劳动技能，养成劳动自觉，干一行、爱一行、钻一行，在平凡的劳动岗位上做出不平凡的事业，从而为走入社会做好职业（思想）准备。

3. 推进劳动教育与创业教育相结合

习近平总书记反复强调诚实劳动、创造性劳动，这既充分体现了对劳动的新要求，也是劳动教育、劳动精神培养需要追求的重要目标。创业创新教育具有创新性、创造性、探索性，必须加强体制机制建设，完善"双创"教育体系，拓展"双创"教育空间，为大学生提供更加灵活地参与"双创"的机会和平台。

4. 推进劳动教育与志愿服务相结合

在社会实践和志愿服务中融入劳动教育，有助于形成良好的劳动习惯，感受劳动乐趣，享受劳动成果，这是劳动教育的最高境界。通过工学结合、勤工助学、劳动体验等途径，积极引导受教育者自觉自愿参与社会服务，培养劳动情怀、劳动意识和奉献精神。通过劳动教育，引导大学生崇尚劳动、尊重劳动，懂得"劳动最光荣、劳动最崇高、劳动最伟大、劳动最美丽"的道理，长大后能够辛勤劳动、诚实劳动、创造性劳动。

在具体实施时可以简要概括为"1＋8"模式。其中，"1"就是在大学里开一门必修课，即《劳动科学概论》或《劳动概论》，主要讲授包括劳动法律、劳动关系、劳动经济、劳动社会保障和劳动安全等相关内容。

"8"就是与八个方面的结合，包括与社会实践和志愿服务、创新创业、职业生涯与就业指导等方面的结合。其中，就业指导与校园文化有着密切关系，如果校园里出现崇尚劳动的气氛，那将是一种很好的劳动教育。劳动模范进校园，就是为了让劳动文化能够浓郁起来。

第五章　大学生劳动教育实践

第一节　大学生应积极参加义务劳动实践

劳动光荣是对人类社会发展规律的重要诠释，是对劳动和劳动者地位、作用、尊严、价值的肯定和推崇。中国梦的践行离不开大学生的义务劳动，在劳动中能够挖掘大学生持久发展的深层力量，创造辉煌。加强大学生义务劳动教育，要树立以生为本的理念，着力在观念、制度、实践、评价四个方面创新实践路径，实现各个环节的有效配合，构建具有内生动力的义务劳动教育体系。

一、大学生积极参加义务劳动实践

（一）挖掘中华优秀传统文化中的劳动精神，加深对义务劳动重要性的认识

1. 以中华优秀传统劳动精神激发义务劳动情感

首先，学习传统文化中的义务劳动精神。高校学习传统文化中的劳动精神并不是要推崇体力劳动，而是充分发挥中华优秀传统劳动精神的正面影响，从古人运用智慧在劳动中改变艰苦环境中汲取养分，从古人的劳动实践中领悟义务劳动的真谛。高校可以通过开设与中华优秀传统劳动精神

相关的选修课、读书交流会、主题讲座、学术论坛等，邀请校内外专家学者、劳模代表、杰出校友结合自身学习、生活、工作经历深入解读义务劳动精神及义务劳动对促进学生成长成才的重要作用。高校也可以通过放映一些优质的反映义务劳动精神的影视作品，并从中挖掘人物形象中的劳动品质，弘扬义务劳动精神，激发新一代大学生热爱劳动、艰苦奋斗的义务劳动情感，为实现中国梦做出应有的贡献。

其次，通过校园自媒体对义务劳动观教育进行宣传。学校宣传部门应完善宣传手段，建立社会舆论宣传平台。除了讲座、授课、刊物等传统宣传手段，还应运用新媒体通过在学校官方微博、微信等平台进行宣传，充分利用大学生使用频率较高的媒体软件发布有关义务劳动观教育的内容，使大学生对义务劳动观教育相关知识耳濡目染，克服宣传季节性、周期性太强，造声势的宣传多、讲实效的宣传少的不良倾向，随时做好网络舆论检测，积极与学生在线上线下进行互动，形成双向交流，使宣传更具吸引力、可信度，营造健康向上的义务劳动观教育网络氛围。要让学生觉得义务劳动模范就在身边，从而激励学生向义务劳动模范学习，以源源不断的义务劳动模范精神锻造大学生的劳动意志，积极发挥网络自媒体对于大学生义务劳动观教育的促进作用。

2. 以义务劳动理论与义务劳动技能的方式摆正义务劳动认知

首先，高校应该把成熟的义务劳动理论同大学生的实际创新相融合。可在微视频制作、趣味知识竞赛活动、开展座谈交流等活动中对大学生进行"三观"意识的引导与培养，在义务劳动教育中隐藏起灌输的痕迹，赋予学生义务劳动主体的角色，培养学生热爱劳动、辛勤劳动的情怀，引导他们尊重不同职业的辛勤劳动者，在潜移默化中使其思想认知得到改进与提升。

其次，义务劳动理论教育需要和义务劳动技能相结合。在掌握一些义务劳动常识和从事劳动的基本功的基础上，因人制宜，把义务劳动教育与家庭教育、时代发展相结合起来，在对大学生进行义务劳动价值观教育的同时，发挥义务劳动价值观教育的作用，使教育内容转成学生自身稳固的东西，更好地帮助大学生正确认识义务劳动的作用，营造良好的义务劳动观念氛围，把理论知识变成实际技能，促进义务劳动教育由量变向质变转变，达到事半功倍的效果。

（二）建章立制，构建高校义务劳动多角度全方位的教育管理机制

构建完善的义务劳动教育管理机制是高校开展劳动教育的基础。高校要加强义务劳动过程管理，使劳动的横向和纵向相关环节密切协调起来，使义务劳动取得良好的效果。义务劳动教育光有正确的决策还不够，还要有周密的管理，应对义务劳动全过程进行具体的组织和协调。高校应健全义务劳动教育管理组织，不断进行义务劳动观教育研究，确定培养目标，制订总体规划和实施细则，建立教学、管理、服务相结合的管理体制，建立制度规范、分工明确、运行科学、保障有力的义务劳动教育工作体系，确保义务劳动观教育工作的顺利进行。

1.建立系统化的义务劳动课程育人体系

首先，制度保障义务劳动教育行稳致远。学校党组织及校领导要把义务劳动教育列入学校日常工作机制，精心打造高水平人才培养体系，确保义务劳动教育的常态化、制度化。成立负责劳动教育工作的总体规划和组织实施的领导小组，统筹协调义务劳动教育的场地、经费、人员保障等问题，如学校把劳动教育贯彻、融入教职工日常生活中去；各个党支部要积极发

挥先锋模范作用，把义务劳动教育摆在重要位置，让义务劳动教育真正入耳入心；共青团要充分发挥组织育人的优势，在校内成立共青团劳动队，在学子中树立起鲜明的旗帜，积极弘扬义务劳动精神，加强学生义务劳动意识、义务劳动技能和义务劳动安全教育，激励学生增强义务劳动的自觉性和主动性，在义务劳动中学会自我教育、自我管理、自我约束，从而确保义务劳动教育落实落地。

其次，打造分层次的义务劳动教育内容体系。高校要积极挖掘义务劳动教育的育人价值，加强义务劳动课程设置，明确分层次的义务劳动教育内容。要结合不同年级学生的思想行为、专业技能特点和身心发展规律，将义务劳动教育列入必修课程单独开设，明确教学标准和实践教学比重，制订教学目标和教学计划，分类、分阶段制定教学大纲，结合本地资源加强义务劳动教育资源开发，编写具有时代特色、符合学校人才培养目标的劳动教育教材。在课程中探索劳动教育的内涵与外延，激发学生劳动创造的强烈意识和浓厚兴趣，发展学生的想象力，培养学生义务劳动意识和情操。

最后，构建家—校—社三位一体的义务劳动协同育人机制。高校应积极争取家庭和社会的多元支撑，建立学校、家庭、社会联络沟通和资源共享机制，发挥学校义务劳动教育的主渠道作用，推进家、校、社三方的深度融合，汇聚各类义务劳动教育资源和社会力量，构建有效衔接、互相促进、协同育人的义务劳动工作格局。高校通过开展产学研结合的义务劳动实践，可将义务劳动实践教育融入专业能力的教育过程之中，学生深度参与到产学研平台、大学科技园、众创空间等项目的义务劳动实践，促进专业知识和义务劳动深度融合；推进基层义务劳动实践，鼓励更多优秀学生积极服务社会，在志愿服务中会思考、能创造，推动家、校、社三方在义务劳动教育中朝着一个理念、一个方向前行,形成育人合力,培育具有深厚家国情怀的栋梁之才。

2. 构建以学生为主体的学生自主管理模式和运行机制

科学的管理机制是大学生义务劳动观教育顺利实施的有效保障,高校要不断提高大学生对义务劳动观念的正确认识。学校义务劳动教育同其他教学活动不同,学校义务劳动观念内化为学生的道德信念的过程中受周围环境的影响会产生多种情况,需要学校各职能部门相互协调,规范义务劳动观教育的相关制度,构建以学生为主体的学生自主管理模式和运行机制的方法来开展工作。

首先,以学生自主管理为主。高校可设置学生自我管理的组织机构,主要任务是布置学校义务劳动任务,督察义务劳动成果,培养学生的义务劳动意识和情感,拓宽生命广度。

其次,教师共同参与管理。教师在组织学生义务劳动时有助于丰富现行义务劳动内容,使义务劳动方式由单一向多样化转变。除指导义务劳动工作外,教师参与到义务劳动实践中,以实际行动作为学生的表率,可以让学生转变把义务劳动理解为单纯的体力劳动这种错误的义务劳动观念,让学生充分感受义务劳动教育的丰富多彩与实践创新,为学生自主管理增添信心和力量。

最后,发挥家长的基础作用。义务劳动观教育不能单单依靠学校教育和社会环境的影响,家长的言行是子女行为的榜样,家长对子女义务劳动观的教育发挥了潜移默化的作用。我们大多数人都是首先在父母所主导的义务教育观中认识世界,并在其影响下踏入社会生活中的。家长要转变教育观念,要正确地看待义务劳动,要树立不管是体力义务劳动还是脑力义务劳动都是平等的、都是值得尊重的观点。家长要把自己对待义务劳动的态度通过日常生活中的点点滴滴，更直观、更具体、更明显地传递给子女，自觉为子女做出榜样，让子女在对劳动和劳动人民的热爱与实践中逐渐走向成熟。家长也应多给大学生提供义务劳动平台，使学生掌握正确的劳动方式，培养大学生的独立习惯，提升义务劳动能力。家长可采取一定的奖励制度，鼓励子女参加义务劳动，增强他们进行义务劳动时的快乐，家长在学生进行义务劳动过程中遇到困难时要给予耐心指导，适当时陪伴子女一起完成劳动，在劳动过程中要能够坚持，通过持之以恒的劳动形成劳动的习惯。

（三）创新载体，实现义务劳动教育与校园文化、社会实践有机融合

1.加强义务劳动观教育的校园文化建设

健康积极的校园文化有利于推动大学生树立科学的义务劳动观，可以带给学生更多的心理启迪，提高学生的思想认识、心理素质，提高学生的品德修养，陶冶情操，养成健康人格。

首先，设立"校园义务劳动日"。"校园义务劳动日"创设的目的在于组织和号召大家一起参与到义务劳动实践当中，以此来形成一种和谐、积极向上的义务劳动氛围。通过"校园义务劳动日"宣传校园文化，能够提高校园的精神环境和文化氛围，让大学生感受到真实的生活情景，能够提高大学生对义务劳动观教育的关注度，并能让其在义务劳动过程中体会义务劳动的不容易，学会做到勤俭节约、艰苦奋斗，对帮助大学生树立科学的义务劳动观有着积极的促进作用。具体来讲，就运行方式而言，应尽可能扩大活动的范围以覆盖全校师生；就活动的内容及形式而言，各院系

部及学生社团可以义务劳动相关的重大节日为着力点，来进行义务劳动观教育，可结合感恩教育、道德实践以及志愿服务等形式来加强宣传与教育。可在校园里定期举办义务劳动教育专题论坛、学术沙龙、主题比赛等活动以引导大学生参与到校园义务劳动日活动当中，培养大学生的义务劳动观念，使其获得精神层面的收获，从而更加深刻地体会到义务劳动创造价值的含义，同时还能够对义务劳动精神以及生活作风等方面产生一定的教育作用，最终实现提升大学生义务劳动素养、增强大学生思想道德素质以及美化校园环境的目的，使义务劳动教育的目的及作用得以有效实现。

其次，定期开展校内外公益活动。组织与开展各种公益活动，是大学生义务劳动教育实践活的一项重要途径。高校组织学生自愿参加无偿的劳动活动，不仅可以培养大学生甘于奉献的精神，而且能够培养大学生的责任心。高校应结合自身条件给学生提供更多明确而有效的专题义务劳动活动，寻求与借助一些社会资源，如与校外企业单位进行沟通与合作，为大学生创造与开展一些校内外公益活动。在校内外公益活动开始之前要做好宣传与动员工作，使大学生在思想上获得认知与准备，还要充分考虑好活动的各个细节要素及具体的活动策划。公益活动的开展不仅能够加深学生之间的感情，同时能够让学生体会到集体的力量和义务劳动带来的快乐，使其能够在切身参与的过程当中培养起应有的义务劳动观念、义务劳动习惯、集体主义精神以及吃苦耐劳精神。定期开展校内外公益活动可以使大学生在参与专题义务劳动活动的过程中明白每一份劳动都要付出心血，切实体会到义务劳动精神品质的实际意义与价值，从而激发他们对义务劳动的兴趣，逐步养成战胜困难、努力完成劳动任务的意志与信心。学生在参与义务劳动的过程当中获得思想与能力的提升，为义务劳动精神与意识的养成打下扎实的基础，真正实现义务劳动教育的目的。

2. 以创新实践活动引领落实义务劳动行为

高校应结合大学生的实际需求，创新义务劳动教育实践方式和途径，进一步加强义务劳动实践活动的规划与实施，加强义务劳动教育的吸引力和实效性。义务劳动实践活动领域涉及范围广，可以涉及企业、工厂、乡村、小商铺等。安排学生在绿化管理、校园公共区域清洁、教室和图书馆管理等活动中开展义务劳动，让他们既为美化校园出了力，又能体会到义务劳动的可贵，提醒他们在平常的学习、生活中注意场地的卫生整洁，共同营造美好校园环境。义务劳动实践活动的普及面宽，可以跨学院、跨部门、跨校乃至跨社区，通过整合高校乃至社会资源，加强与地方政府、企业、社区的联系，共建义务劳动教育实践基地，让学生走进基层、走进军营，扎根中国大地，了解国情，在克服困难、互相协助的义务劳动实践过程中"受教育、长才干、做奉献"，推动义务教育工作向纵深发展。

3. 拓展义务劳动教育场域，提升大学生就业创业创造能力

传统教育观念下的高校义务劳动教育较为零散、缺乏科技含量，需要我们在建设中国特色社会主义现代化事业中大力拓展高校义务劳动教育场域，提升当代大学生的创造能力，培养专业技能过硬、自主创新能力较强的义务劳动者。

首先，着力培养大学生"义务劳动＋创新思维"能力。高校要关注新兴技术支撑和时代的新变化，营造与社会发展相适应的人文氛围，从而提升学生感知享受和创造美的能力，提升大学生就业创业创造能力。

其次，着力夯实"网络＋义务劳动"基础。与云计算、大数据、5G、物联网、区块链、人工智能等新技术相衔接，开辟"理论＋生产技能"的复合型育人基地，创新人工智能与智能科学和义务劳动的协同发展模式，

引导学生"线上线下"互动、开展创造性义务劳动，在脑力劳动与体力劳动的有机结合与交叉中激发学生的创造兴趣，增强学生的创新创造运用能力。

（四）以生为本，构建以学生获得感为核心的多元化评价体系

健全高校与时俱进的义务劳动观教育考核评价机制，是促进义务劳动教育健康发展、深入推进的动力和制度保障。合理的考核评价机制能将义务劳动观教育的结果纳入大学生的考核评价体系中，是提高义务劳动观教育质量和有效性的关键。高校通过多元化义务劳动教育评价体系，更好地促进义务劳动教育工作合理化、规范化。

首先，对义务劳动观教育理论知识的考核，考核形式可采用书面考试形式完成。学校应该建立参加学校义务劳动的学生档案，每个学生一档，定期记载学生平时、学期、学年的考核情况，将考核结果存入档案，形成平时注重劳动效果，学期、学年注重总结性等级评定的考评机制，并作为年度评优评先的重要依据。

其次，高校对义务劳动观教育实践知识的考核，要将义务劳动教育的成绩纳入学生综合素质测评体系，作为学生评奖评优的重要依据。高校可以让学生参与义务劳动专项奖学金的评选，在坚持理论学习与义务实践活动中激发学生参与义务劳动教育的积极性和主动性。学生通过书面测试的方式来检测自己对义务劳动理论内容的掌握情况，还可以通过实践心得、答辩交流等形式来巩固义务劳动实践成果。学生通过自评与他评相结合，撰写详细说明义务劳动的内容、过程、成果以及自身的实践感悟与影响的义务实践心得提升自己的义务劳动素养和实际那能力。专业老师要根据学

生义务劳动过程中的组织纪律、劳动态度、实践心得以及学生义务劳动中的作品成果等进行综合评价，大学生能更好地在全面可持续发展的考核评价中不断发现不足，进行有效的反思与总结，增强自己与时代接轨的实力。

最后，牢牢抓队伍建设不放手，建立科学考核的长效机制。建立与时俱进的评价体系，对于大学生义务劳动教育的成效具有重要推动作用。高校对义务劳动教育成效的评价要立足于义务劳动教育主体，评价的重心应涵盖学生的义务劳动观念、精神、习惯以及技能等方面，构建具有科学性、层次性、系统性和可操作性的评价指标体系，树立以学生获得感为核心的评价导向，在常态化、规范化、法制化的实践过程中全面真实地反映学生在不同义务劳动教育形式中的获得感。学校要引导大学生在学会干、自然干到习惯干中发展提升，注重义务劳动过程中学生的习得，让学生通过劳动感知建立"义务劳动幸福观"。学生通过真情实感的交流互动，形成从责任心、创新力到创造力的质的飞跃。高校要让更多大学生群体积极参与到义务劳动活动中来，坚持义务劳动观教育考核的连续性和持续性。

二、大学生积极参加义务劳动实践设计方案

（一）大学生积极参加义务劳动实践设计一：校园义务劳动教育方案

校园义务劳动教育方案（范本）

1. 活动目的

通过组织义务劳动，倡导吃苦耐劳的精神，提高同学团队合作精神，丰富课余生活。

2. 活动主题

跳蚤义卖，奉献爱心我争先；跳蚤义卖，奉献爱心我争先；图书馆义务劳动，人人有责；食堂义务劳动活动；校园义务劳动公益展；开展义务劳动主题宣传海报评比活动；慰问敬老院活动等。

3. 活动前期准备

（1）确定义务劳动人员的组织安排以及管理机制。如由×××组织负责参与活动同学的工作，×××负责宣传工作，×××负责活动规划，×××负责网络工作，×××负责人员的分配工作。

（2）确定义务劳动活动的时间及地点。

（3）确定活动的流程及注意事项。

（4）记录义务劳动记录卡，进行活动的总结。

（二）大学生积极参加义务劳动实践设计二：撰写一篇义务劳动心得体会

撰写一篇义务劳动心得体会文章，要求：① 1200字以上；②要有具体的义务劳动场景描写、要有评价；③要有劳动过后的劳动体会。

第二节 家庭劳动教育的现状及实施途径

一、家庭劳动教育存在的问题

（一）观念不当，重智轻劳

一些家长受我国传统文化观念影响，思想中还固存着"学而优则优""万般皆下品，唯有读书高"等错误认知观，一心注重孩子在校的文化学习和考试成绩，重视对孩子学习能力和智力的培养，而忽视了劳动和劳动教育对其成长成才的重大作用。当代家庭教育中出现软化劳动教育、"非劳化"等错误倾向就与其有深远关系。不少家长片面认为，孩子只要努力读书学习、保持成绩优异，长大后必定会有大作为、大出息，也必定能够收获幸福的人生，而无须进行烦琐的家务活动或者体力劳动。在这种家庭认知观念的引导下，孩子势必会将主要精力和时间都投放在学习上，极易陷入有知识没文化、有分数没能力、有智商缺情商的窘境中。久而久之，家长忽视劳动教育将会造成孩子劳动意识欠缺、劳动观念淡薄，导致"重智轻劳"这一不良局面的出现，对于孩子将来的发展极为不利。

（二）期望偏差，功利性强

在当今家庭教育中，经常能够听到家长这样教育孩子"如果不好好学习，将来长大以后就去干苦力"之类的话语，似乎在这些家长眼中，学习就是孩子通向成功或追求所谓"体面工作"的唯一途径。这是由于受社会利益多元化的影响，很多家长的劳动价值取向出现了偏差，以至于他们片面地认为劳动有三六九等、高低贵贱之分，并把体力劳动和脑力劳动对立起来。在他们的认知观念中，孩子未来只有从事脑力劳动才是最光荣的，反之从事体力劳动工作就是没面子、没出息的表现。这些家长常常在孩子考出好成绩时给予奖励，而在孩子考差或是犯错误时，才选择用一些体力或家务劳动作为对孩子的"惩罚"。这不仅给劳动教育增加了惩罚的意味，同时还增强了教育目的的功利性，十分不利于培养孩子形成正确的劳动认知。最直接的表现就是孩子的认知出现偏差，认为学习有功而劳动无用，导致轻视甚至鄙视体力劳动、不尊重体力工作者、不珍惜劳动成果等现象时有出现。

（三）溺爱心重，代劳代办

当今社会的发展削弱了对孩子劳动的需求，加之家庭生活条件优越，家长由于溺爱孩子，不舍得让孩子吃一点苦，无论大事小事一律为其代劳代办。家长的认知观念就是孩子只要好好学习即可，基本上除了学习以外的事情都不让孩子插手，生怕孩子分心耽误了学习。在这种认知观念和教育方式的影响下，极易养成孩子衣来伸手、饭来张口、好吃懒做等不良习惯，导致孩子怕苦怕累、过分依赖家长、动手能力差、生活自理能力低下等一系列问题出现。家长本着爱孩子、愿意为孩子成长成才付出一切的出发点是好的，也应当得到理解。但凡事物极必反，这种因过于"爱"而产生的认知偏差，对孩子身心健康、综合素质的发展都极为不利，甚至影响孩子的一生！父母能替孩子做事，却不能替孩子做人；能替一时，却替不了一世。在这样家庭包办环境下长大的孩子，内心早已种下了"不劳而获"的种子，不仅劳动意识匮乏、劳动观念薄弱，还更容易形成逃避问题、缺乏责任感的个性，一般更难成才。因此，家长过度宠爱孩子而忽视对孩子家庭劳动教育的培养，是极不利于孩子成长成才的。

（四）定位有误，逃避责任

现实生活中，还有一部分家长，他们认同劳动教育对孩子成长成才的重要性，但由于受主动或被动原因影响，导致对劳动的认知程度较低，在孩子家庭劳动教育的培养方面心有余而力不足。其一，由于一些家长掌握的知识水平有限，加之受父辈教育理念影响，没有掌握正确的方式方法，在教育孩子时常常感到吃力、茫然，不知如何下手。这类家长认为自己在培养孩子方面没有学校教师专业，尤其在劳动教育的培养上更是"门外汉"，因担心自己会误导孩子，索性就不"多此一举"了。其二，由于角色定位不当，许多家长对家庭劳动教育的主观态度较为消极。在他们的认知观念中更倾向开展劳动教育是学校教师的主要责任和任务，而自己只需要负责好后勤工作，照顾孩子的饮食起居、听从教师的安排就算是完成了任务。造成这一认知偏差的原因在于家长自身对劳动教育的责任主体定位有误，在一定程度上逃避了本该属于家庭范围的教育职责。于是在对孩子劳动教育的培养上几乎空白，导致家庭劳动教育严重缺位。

二、提高家长对劳动教育认知的建议

认知是对智力、思维、情感、语言的认识活动，有广义和狭义之分。广义上的认知等同于认识，是指人们认识到客观的社会性事物的过程。狭义上的认知等同于记忆，指记忆的再加工，即对感知到的事物进行再认识。劳动认知就是劳动主体对劳动或劳动教育的再认识，是指劳动主体通过劳动对感知到的现象进行整理、加工并归纳，从而形成有关对劳动现象整体性的认识，并总结出其对劳动主体的自身意义与价值。这种认识包括对劳动知识、劳动技能、劳动态度、劳动价值观等的认识。

（一）转变观念，提高认知

现代家庭一般以独生子女居多，家长对孩子的期望值高可以理解，但对孩子的家庭劳动教育也丝毫不能掉以轻心。我国著名教育家陈鹤琴说过："家庭教育，对父母来说首先是自我教育。"家长教育孩子时能够起到言传身教的作用，故应充分认识到自身的认知是孩子家庭劳动教育培养的最关键、最核心的因素之一。因为在家庭教育中，家长的劳动认知不仅会关系到孩子未来的择业观、就业观，还将影响孩子的社会适应性和生活自理能力，甚至决定祖国的前途命运与未来。因此家长务必引起重视，转变自身守旧、狭隘的劳动观念，形成尊重劳动、热爱劳动的认知和习惯。只有家长从自身做起，才能更好地培养孩子的劳动认知，促进孩子劳动素养的提升。此外，家长还要注意使用恰当的教育方法，因材施教、因势利导，如此开展家庭劳动教育才能收到良好的教育效果。

（二）重视实践，强化认知

认知最终需要在实践中接受检验，并在反复实践中才能得以深化和发展。一些父母在如何培养孩子上虽然形成了一定的正确认知，但总是难以做到知行合一。家长须意识到，知能利行、行能促知，二者相互作用、相辅相成才能发挥劳动教育的最大价值。研究指出，儿童天生具有较强的可塑性，且可塑性随年龄的增长而降低。一般认为，儿童童年早期的可塑性最大。在儿童童年早期，父母如果能够引起重视，培养孩子良好的劳动认知和行为习惯，将会为孩子的终生发展打下坚实的基础。因此，在家庭劳动教育中，家长必须一改往日错误的劳动认知观念，适当放权，将认知落实于行动，重视孩子动手实践的意义。

家长应当引导孩子身体力行，制造机会并鼓励孩子多多参与力所能及的家务或体力劳动，同时也要进行检查与评价，在孩子做得好的地方及时给予表扬，以强化孩子的劳动认知和行为。有条件的家长还可以跟孩子一起劳动，通过言传身教、以身作则，发挥榜样带头作用。一方面，孩子通过亲身体验日常家务和体力劳动能够感同身受，从而体会到家长劳动的艰辛以及劳动成果的来之不易，树立起热爱劳动、尊重劳动者、珍惜劳动成果、劳动最光荣等意识。另一方面，孩子在劳动过程中也会产生"自己动手，丰衣足食"的成就感与愉悦感，便于增强孩子的主动劳动意识与自信心，有利于形成"劳动靠大家""劳动成果人人共享"的正确认知。

（三）系统学习，升华认知

开展劳动教育，早已跳出了学校单方培养的"包围圈"。家庭作为教育孩子的中坚力量，应积极响应国家政策号召，肩负起培养孩子德智体美劳全面发展的职责与使命。家长要深刻学习并理解家庭劳动教育的重大意义，明晰劳动教育的本质目标，同时采取多种方式关注、学习并带头参与到劳动教育当中。互联网＋时代，家长可以借助网络平台，充分利用互联网资源，主动了解有关劳动教育的科学理论知识，掌握培养孩子的正确方法，系统教育孩子，并以实践辅之。通过"教"与"学"相结合，充分认识到劳动教育的"树德""益智""健体""溢美"等综合育人价值，逐渐转变"片面劳动观""功利教育观""单一成才观"等一系列错误观念，形成科学、正确的劳动认知。这样一来，家长才能从根本上重视劳动教育，才能在家庭教育中潜移默化地培养孩子的正确劳动认知，进而提升孩子的劳动素养。如此开展家庭劳动教育，更能省时省力，事半功倍，充分发挥家庭教育的育人功能。

（四）联合学校，形成合力

当前，由于种种主客观原因，许多家长尚未形成对劳动教育的全面了解和正确认知，加之缺乏专业指导，在对孩子劳动教育的培养上心有余而力不足。对此，家长可联合学校，建立起家校合作关系，形成教育合力。通过家长委员会、家长会、家长定期来校学习交流等形式，实现家校双方对孩子劳动教育的互通培养。首先，家长应主动与学校建立密切联系，方便及时了解学校劳动教育的开展、落实情况，掌握孩子劳动教育培养的正确方法，学习有关劳动教育的新政动态、最新知识以及培养目标和要求，等等。其次，家长可以通过与教师面对面交流，第一时间反馈孩子在家庭中的劳动教育情况，及时解决问题与困惑，纠正劳动认知偏差，提升家庭劳动教育的质量和有效性，进而提升孩子的劳动素养，促进孩子身心健康成长。

家庭是孩子的第一所学校，父母是孩子的第一任老师，家庭教育是最好的教育载体。孩子是祖国的希望与未来，家长要给孩子讲好人生第一课，帮助扣好人生第一粒扣子。众所周知，有什么样的家长，就有什么样的孩子。在家庭劳动教育中，家长的劳动认知在很大程度上决定着教育成败，不仅对孩子的终身发展起着不可估量的重要作用，甚至在一定程度上决定未来社会的发展方向。因此，转变家长的劳动观念、消除认知偏差刻不容缓。，家庭劳动教育要想重新发挥它的巨大育人价值，家长必须引起足够重视，从自身做起、形成正确劳动认知。在此基础上，提升孩子的劳动素养、促进孩子德智体美劳全面健康发展指日可待。

三、家庭劳动教育实施途径

（一）转变观念，形成积极的劳动态度

家长要转变观念，要从思想上重视劳动教育。在家长眼里，大学生永远是孩子，家长要认识到家务劳动对孩子心智成长的积极作用，参与家务劳动可以缓解孩子的学习压力，还可以使他们明确家庭成员的责任和义务。大学生承担力所能及的家务劳动，有助于培养独立意识和克服困难的能力，体会到劳动的艰辛，感受到劳动的乐趣，从而更加珍惜劳动成果，最终形成积极的劳动态度。

（二）积极对待孩子的劳动成果

家长不仅要给予孩子劳动权利，更要积极对待其劳动成果并做出正确评价。孩子参加劳动时要让他们充分发挥主观能动性，必要时家长可以给一些帮助和指导。

任务完成时，家长要对其劳动成果予以回应，多给予鼓励性的语言，例如"你洗得真干净"，以此激发孩子对劳动的积极性和兴趣。给予孩子劳动权利，让孩子身体力行，帮助他们掌握基本的生活自理能力，树立自我服务意识，在完成劳动任务中发展体力培养智力，增强劳动适应性。

（三）采用科学方法并积极引导

1.引导孩子自我管理

日常的劳动教育中，家长要培养孩子的独立意识，自己的事情自己解决，

不依赖他人。赋予孩子自我管理的权利，鼓励孩子独立解决问题，开动脑筋想对策，必要时进行指点和纠正。当孩子通过自己的努力解决了问题、产生了自豪感时，劳动兴趣就可以得到激发，从而会更愿意完成劳动任务。

2. 采用赏识教育方法

在家庭劳动教育中可以采用赏识教育法，给孩子以语言上的肯定和夸奖，并给予支持和帮助，让他们能够战胜困难，树立自信心，获得成就感。

3. 共同参与劳动，承担家庭责任

家长要让孩子认识到家庭中的每个人都有自己的义务和责任，要对家庭尽自己的义务和责任，树立责任意识。在家务劳动中，每个人都要积极参与，完成自己的任务。家长可以与孩子共同参与家务劳动，分享劳动的快乐，也体会克服困难的过程，这会融洽家庭成员的情感，使亲子关系更加亲密，最终孩子也会更愿意投入劳动中，承担自己的责任。

（四）学习先进劳动教育理念

家长可以学习借鉴、吸收他人经验中的精华，根据孩子的个性特征，选择合适的教学方法，实现家庭劳育的目标，最终发挥其作用，实现孩子的全面发展。

（五）身体力行

身教重于言教，身体力行要比简单的说服教育更有效。家长是孩子的第一任老师，家长自身的行为对孩子品格观念的养成影响极大，要培养孩子的独立意识和劳动技能，需要家长以身作则，身体力行，给孩子树立榜样。首先，家长不能鄙视体力劳动，要肯定劳动价值，尊重体力劳动者，并把

这样的观念传递给孩子，让孩子认识到劳动光荣，通过自己的言行让孩子感受到劳动的意义和价值。其次，家长要认识到智育和其他方面的教育同样重要，并为孩子树立这样的价值观：学业固然重要，但它只是一个方面；素质教育理念下，要求孩子要全面发展，各个方面的教育应当受到同等重视。最后，家长要在孩子进行家务劳动时起到示范作用，当孩子无法克服困难时，要通过直观具体的引导让孩子学会基本劳动技能。进行家务劳动时，力所能及的事情由孩子独立完成，有难度的可以在家长的引导下合作完成。如此，孩子体会到了劳动带来的快乐体验，激发了积极性，参与意识增强，劳动教育在家庭教育中的地位也就重新树立起来。

第三节 大学勤工助学的意义

高校资助理念已经从保障性资助转变为发展性资助。在发展性资助理念的指引下，高校勤工助学便是践行"扶贫＋扶志＋扶智"要求不可或缺的发展性资助育人方式，对完善高校发展型资助育人体系，以实践促进学生健康成长成才，实现"扶志自立、扶智强能、开启自信人生"的目标。

一、完善资助体系，进行扶困助学

勤工助学是学校学生资助工作的重要组成部分，是扶贫助困的重要方式。党和国家十分重视学生资助工作，随着我国社会主义市场经济的建立和完善以及高等教育改革的不断深化，为保证学生不会因贫失学，我国在本、专科生教育阶段建立了国家奖助学金、国家助学贷款、勤工助学、困难补助、学费减免、学费补偿贷款代偿、新生入学资助、"绿色通道"等多元混合的资助政策体系。在这些资助措施中，勤工助学按照"学有余力、自愿申请、信息公开、扶困优先、竞争上岗、遵纪守法"的原则，组织学生利用课余时间通过劳动取得合法报酬，用于改善自己的学习和生活条件。由此可见，勤工助学是帮助大学生扶困助学的重要方式，是高校资助政策体系的重要组成部分，对完善高校发展性资助育人体系具有积极的推动作用。

学生在参与勤工助学活动的过程中，既能通过劳动减轻经济负担，又能在劳动中得到成长锻炼，这充分说明勤工助学活动是一种具有发展性的资助形式，很好地发挥了扶困助学功能，弥补了无偿资助金发放的短板，具有资助面广、资助力强、教育意义明显等诸多优点，进一步凸显了助学的公平性和精准性。每一所大学都有一群从不向家里要钱的大学生，他们通过国家和学校的奖助学金以及自己长期坚持勤工助学获得的报酬，既在一定程度上解决了自己大学期间的学费和生活费问题，又用知识和勤奋改变了自己的命运。

二、提升扶志能效，实践立德感恩

勤工助学有利于大学生树立正确的理想信念、劳动观和价值观，是实现扶志自立的重要抓手。通过参加勤工助学，学生可以自行选择岗位、接受培训、开展工作，提前进入职业工作者的角色，扩大视野和接触面；同时有助于体验竞争、开展规划和决策，继而理性地对职业生涯进行思考，从而确立理想和目标。用辛勤劳动换来报酬，可以让学生切身体会到工作的内涵和意义，促使学生立志自强，树立正确的劳动观和价值观，从而珍惜劳动成果、增强节俭意识。家庭经济条件不应该成为广大青年学生树立正确理想信念的绊脚石，相反，学生应该借助这股力量，积极推动自己投身到劳动和实践中去，将自己的理想与中国梦结合起来，通过勤工助学实现人生价值。

实践是认识的基础，并对认识起着决定作用。绝大多数学生入学前缺乏实践历练，更多的体验来自课堂学习，习惯被动跟风，缺乏主动性和思考。勤工助学"有偿劳动"的特点可以提升扶志能效。在勤工助学活动中，学生获得的报酬是通过劳务有偿换取的，如此可以培养学生依靠劳动解决困难、通过劳动获取回报的意识，杜绝"等、靠、要"的思想，帮助学生形成独立人格。

学生在参与学校的管理和服务中，加强了主人翁意识，提高了主观能动性，从被管理服务者的角色转换为提供管理和服务的工作者角色，更能体会当中的不易，懂得珍惜工作的成果。角色的转换会促使学生学会换位思考，促进认知的客观性和全面性，从而开始学会理解和感恩。积极参加勤工助学活动的大学生，往往是大学校园里最懂"感恩"的一个群体，他们或看望照顾孤寂老人，或到大山里参加义教活动，或担任"阳光心使"为师弟师妹们排忧解难，他们以实际行动表达感恩之心，竭尽全力地帮助弱势群体，是传递社会正能量的榜样大学生。

三、提高综合素养，实践扶智强能

勤工助学有利于学生提升综合素质、专业素养和创新创业能力，有助于大学生扶智强能。对于用人单位而言，专业学习成绩的好坏不是选人用人的唯一标准，个人综合素质也是其主要考量依据。这些综合素质包括专业知识技能、组织沟通能力等可迁移的技能以及创新意识、责任心等内在品质。学生在勤工助学活动中不管从事哪种类型的具体工作，都与某些知识领域和技能要求相联系，在开展工作的过程中，专业意识、职业意识和竞争意识会逐步提高。在参加勤工助学活动时，学生可以将实践活动与自身特点相结合，更好地完善自己的知识储备，并从中锻炼如社会交往、沟通协调、组织管理等各方面的可迁移能力。这个过程中遇到的问题以及挑战，还能够锻炼学生面对困难时的意志和思维能力，使他们在未来的生活与工作中能够更加有效地解决问题。这些都充分说明，勤工助学能够提升学生的综合素质和就业竞争力，为他们扶智强能搭建起了很好的平台。

一些高等院校在工学结合模式下建起了勤工助学基地，将勤工助学融入各种实训车间、教学工厂等实践教学形式中，做到两者有机统筹、结合开展。对这类勤工助学岗位，学生往往也更加乐于报名参加。在这类岗位上，他们能充分发挥自己所学的知识和技能，将理论与实践相结合，在实践中体会知识的运用、补充和完善，并运用自己的知识和能力创造性地解决工作中的各种问题。这个过程既满足了校企合作的实训基地对专业技能人才的需求、降低了用人成本，又为学生专业素养的提升和创新意识的培养提供了良好机会。同时，大学生在勤工助学的过程中能与不同类型的人交流，充分锻炼自己的社交能力，并学会客观认识到自身的不足、从失败中总结经验，丰富了人生阅历，为将来的就业或创业积累下宝贵的经验。

四、学会正视自我，开启自信人生

勤工助学有利于学生增强自信、提高心理素质，是帮助大学生"内心自强"的重要法宝。许多参加勤工助学的学生或者来自经济条件困难家庭，或者自身能力不足又渴望得到尊重，他们承受着一定的经济或心理上的压力，有的甚至因家庭经济条件而产生自卑心理，因能力有限而不敢融入集体。

部分学生因为比较敏感脆弱，自我认识、自我评估不足，导致出现一定的心理问题。

首先，勤工助学活动为学生提供了与人交流、融入集体的机会，帮助他们正确认识自我，引导他们勇于正视困难，克服自卑心理，培养积极乐观的人生态度。其次，勤工助学活动能够提升学生的交际能力，帮助他们敞开心扉，使他们不再自我封闭，保持心理健康。最后，勤工助学活动还能提高学生的社会适应能力，促使他们学会倾听、冷静控制情绪、消除偏激心理、客观公正地看待人和事。

每年毕业季时，总会出现一个特别的现象：那些在大学期间参加过勤工助学活动的毕业生，往往能比较快地找到工作。这个现象背后的逻辑是：大学期间的勤工助学活动能够让大学生从害怕群体到融入集体、从害怕跌倒到勇敢面对困难、从害怕表达到自信交流。这充分说明，勤工助学的劳动和实践教育可以帮助学生融入集体，使其能够肯定和欣赏自己，树立自信心，成为"心理自强"的健康社会人。

五、高校勤工助学岗位设置的现状

随着国家对助学工作的重视，各高校在勤工助学岗位设置上也力求科学合理，充分发挥勤工助学的功能。这主要体现在三个方面：一是岗位设置覆盖面较广，充分考虑了学科和专业性范围，兼顾劳动与智力服务类型以及校内和校外岗位等，目的是使不同类型的申请者能够找到合适的岗位。二是目前各高校设置的勤工助学岗位，学生申请、参与的积极性高，绝大部分高校勤工助学岗位都供不应求。三是岗位设置充分考虑了育人功能，不仅仅是着眼于劳动服务或者岗位补助，高校更立足于通过勤工助学岗位锻炼学生实践、劳动、服务、技能、创新等综合能力。四是岗位设置充分保障学生的合法权益,教育部有关文件对勤工助学岗位招聘原则、工作时限、薪金计算等都做了明确要求,各高校基本严格按照文件执行,充分维护学生合法权益。

但是,目前高校勤工助学岗位设置上也存在一些不足。一是勤工助学岗位质量较低。当前高校设置的勤工助学岗位的技术含量不高,多以简单的体力劳动或服务工作为主,大都基于工作时间计算报酬,对工作质量要求相对不高。二是勤工助学岗位数量偏少。由于受资金、学校规模等因素的限制,高校一般结合实际工作需要设置勤工助学岗位数量,提供的勤工助学岗位数量有限,学生获得勤工助学岗位的机会不易。三是岗位管理不够科学规范。从目前各高校情况来看,勤工助学岗位设置的具体要求不够细化,缺乏有效的监管机制,勤工助学的岗位工作培训及奖励、退出等方面还不够明确。学生在参与勤工助学工作的过程缺少有效的指导,给高校勤工助学的发展也带来了一定阻力。

六、高校勤工助学岗位设置的原则

改革岗位设置、创新高校勤工助学是一项复杂的系统工程,要把培养大学生的学业水平和科研创新能力纳入勤工助学岗位设置范畴。

(一)重视岗位质量,旨在锻炼学生

学校应积极开发校内资源,保证学生参与勤工助学的需要。校内勤工助学岗位设置应以校内教学助理、科研助理、行政管理助理等为主。校内勤工助学活动岗位的设置以协助院(系)和学校党政、教学、教辅、科研、

后勤服务等部门进行助教、助研、助管及后勤服务活动为主，提倡设置能锻炼和培养学生能力、专长的勤工助学岗位，不得安排学生参加可能危害学生安全、伤害学生身体和影响学校正常学习、生活秩序的勤工助学活动。

（二）规范工作时间，保证工作效果

勤工助学岗位既要满足学生需求，又要保证学生不因参加勤工助学而影响学习。学生参加勤工助学的时间原则上每周不超过 8 小时，每月不超过 40 小时，寒暑假勤工助学时间可根据学校的具体情况适当延长。同时，为保证勤工收入，按照每个家庭经济困难学生月平均上岗工时原则上不低于 20 小时为标准，测算出学期内全校每月需要的勤工助学总工时数（20 工时 × 家庭经济困难学生总数），统筹安排设置校内勤工助学岗位。

（三）注意教育引导，强化育人作用

设立校内勤工助学岗位是学校关心和帮助家庭经济困难学生的重要举措。学校各单位可根据本单位的工作性质、工作内容和实际需要设立适宜大学生开展勤工助学的岗位。通过勤工助学实践活动，培养学生自立自强的精神和良好的职业素养，树立正确的劳动观念，提升学生的实践能力，全面提高学生的综合素质，营造资助育人、管理育人、服务育人的良好氛围。

七、高校勤工助学的岗位类型

按照工作时限，勤工助学岗位可分为固定岗位和临时岗位。固定岗位是指持续一个学期以上的长期性岗位和寒暑假期间的连续性岗位；临时岗位是指不具有长期性，通过一次或几次勤工助学活动即可完成任务的工作岗位。

按照工作场地，勤工助学岗位可分为校内勤工助学岗位与校外勤工助学岗位。校内勤工助学岗位主要围绕服务教学、科研、管理、后勤工作及其他公益活动设置；校外勤工助学岗位主要经学校助学部门审核发布提供的校外企业兼职工作岗位。校外勤工助学岗位一方面可弥补校内勤工助学岗位的不足，进一步满足家庭经济困难学生减轻经济压力的需要；另一方面可以锻炼学生在校外实际工作岗位的实践能力。

八、勤工助学岗位设置的改革与创新

随着高校后勤社会化改革、人事代理等工作的推进，学生从事保洁等劳动服务的勤工助学岗位逐渐减少，缩减原本有限的岗位数量了，但换个角度也淘汰了质量相对不高的岗位，这就要求高校应当改革管理体系，对勤工助学岗位设置进行创新，使之与培养学生创新能力有机结合。

（1）高校应结合学校实际及相关设岗单位（部门）需求情况，依年度预算统筹核定设岗单位岗位类型及数量，明确岗位要求及工作内容、岗位类型、岗位性质等信息，并及时予以公布。

（2）要科学合理设置本单位勤工助学岗位，让岗位不仅能为学生提供劳动报酬，而且成为培养学生、锻炼学生的平台。在设置岗位时要保障学生利益和人身财产安全，切勿将勤工助学岗位学生变成顶岗工作人员。在设置岗位时要确定专门指导老师，制订安全教育方案和岗位培训计划。

（3）校内勤工助学岗位要区别于学生干部、青年志愿者。相关单位不能将岗位设置为既能享受学生干部待遇、又能获得劳动报酬的岗位，不能将从事公益服务的青年志愿者活动设置为勤工助学岗位。

（4）对学生从事的校外勤工助学岗位进行动态管理和监督，了解和收集用工单位或个人对受聘学生的服务态度、工作质量、知识与能力水平的评价意见，建立学生勤工助学岗位资料库，并调解学生与用工单位或个人之间的矛盾纠纷，依法维护学生的正当权益和学校声誉。

第六章　高校劳动教育的创新研究

第一节　高校劳动教育的目标

加强高校劳动教育，需要在明确目标定位和把握基本原则的前提下，探索创新实践路径，即更新思想观念，全面提高对劳动教育重要性的认识；完善机制建设，构建系统化的劳动教育保障体系；扩展实践平台，不断丰富劳动教育的形式；加强宣传引导，努力营造校园劳动育人良好氛围。

一、加强高校劳动教育的目标定位

劳动教育一直被看作是促进人的全面发展的重要方式，加强高校劳动教育更应实现德育、智育、体育、美育、劳育的内在统一，引导大学生树立正确的劳动价值观、培养积极的劳动态度、培育优良的劳动品德、养成良好的劳动习惯、掌握扎实的劳动知识技能，促进大学生的全面发展。

（一）树立大学生正确的劳动价值观

劳动教育旨在树立大学生正确的劳动价值观，并从内在热情、创造积极性等不同方面培育大学生的劳动素养，这也是劳动教育最首要、最根本的目标追求。思想决定行动，劳动价值观作为衡量劳动者思想道德品质的重要标准之一，充分反映了劳动者的劳动素养和劳动情怀，在一定程度上也决定着劳动者对于劳动的认知和在今后劳动实践中的现实表现。对于大学生而言，树立什么样的劳动价值观非常重要，直接影响着他们对劳动的态度和行为，更关系到他们择业观、就业观、创业观的形成。因此，要让"劳动最光荣、劳动最崇高、劳动最伟大、劳动最美丽"的价值观念在大学生心目中生根发芽，并自觉将思想观念内化为实际行动。

（二）培养大学生积极的劳动态度

劳动态度是在一定劳动价值观支配下、在长期劳动情感体验基础上形成的一种相对稳定的对待劳动的心理倾向。长期以来，在我国劳动教育进程中，"热爱劳动"一直被视为劳动者培养的基本劳动态度，并被誉为一种美德。由此可见，辛勤劳动态度的培养对于加强高校劳动教育来讲，具有重要现实意义，需要不断强化。当前，各种社会思潮风起云涌，尤其是青年大学生的思想观念、价值取向正处于形成确立的不稳定期，极易受到拜金主义、享乐主义等不良思潮的消极影响，因此，加强对辛勤劳动态度的培养就显得尤为重要和迫切。

（三）培育大学生优良的劳动品德

劳动品德是指劳动者在劳动过程中所表现出来的道德素养和行为规范，是一种对他人、对社会较为稳定的心理表现和态度表达。诚实劳动是成就梦想的基石，只有以诚实劳动引领社会风尚，人们才能把为社会发展而劳动作为应尽的职责和神圣的义务。培育大学生优良的劳动品德，首先要引导大学生做诚实的劳动者，以创新、创业、创造激情，积极践行劳动精神、劳模精神、工匠精神，在诚实劳动中实现自己的人生价值和理想抱负。随着我国经济社会发展不断深入，传统劳动伦理受到消解，劳动异化现象开始显现，部分大学生在价值取向和利益抉择上带有明显的自我倾向，更多强调依靠劳动实现个人的目标追求和利益诉求，却有意弱化对社会责任和义务的承担。因此，培育大学生优良的劳动品德，还要重视家国情怀的培育。我们要把爱国主义教育作为重中之重，积极引导大学生主动将个人成长、职业规划与国家发展、民族进步联系起来，把个人理想追求与国家兴旺发达融为一体。

（四）引导大学生养成良好的劳动习惯

劳动习惯是指在劳动过程中经过反复练习形成，并发展成为个体从事劳动的一种需要的自主化行为方式。劳动教育不仅在于教会大学生如何生活和生存，更重要的是培养学生的创新精神和实践能力，促进人的体力和智力的均衡发展。比如，将劳动和体育结合起来，可以实现体脑结合，有利于大学生养成良好的劳动习惯，进一步提高学习的积极性、主动性和有效性。但也应客观认识到，良好劳动习惯的养成从来不是一蹴而就，也不是一朝一夕间形成的，而是一个循序渐进、持之以恒的劳动实践过程，需要保持好平稳心态，从日常生活中的点滴小事做起，如帮助父母做家务、做好宿舍内务整理、勤工助学等。另外，在大学生劳动过程中还要抓好劳动的开端，尊重学生的自主选择，先从他们感兴趣的劳动做起，让学生充分体悟到劳动的乐趣和意义，以此激发大学生自觉养成热爱劳动的良好习惯。

（五）帮助大学生掌握扎实的劳动知识技能

随着知识经济时代的到来，技术进步在经济社会发展中的地位不断提升，尤其是"创新型国家"战略的实施，更加重视人工智能、机器人等技术研发应用，"中国制造"向"中国智造"迈进，知识型、技能型、创新型劳动大军将会发挥更大作用。在掌握扎实的劳动知识技能过程中，一方面要强化大学生对学科专业知识的学习。"知识无边界，学问无止境。"加强对学校开设的学科专业知识学习也是获取劳动知识的过程，通过学习实现学科专业知识与劳动知识技能的相辅相成。另一方面，还应加强大学生对劳动学科的了解。掌握劳动及与劳动相关的一系列学科，如劳动关系、劳动与社会保障、劳动经济学等。可以通过双学位、设立在线开放课程等方式进行扩展学习。这些学科是人类对劳动规律的总结和劳动知识的创新，强化了对劳动问题的专业化、规范化、体系化研究，不仅使劳动理论研究和人才培养质量迈向更高水平，而且也深化了学生对劳动更为全面系统的认识，有助于进一步教育引导大学生懂劳动、爱劳动、会劳动，全面提升劳动素养。

二、加强高校劳动教育的基本原则

加强高校劳动教育，需要在明确目标定位基础上，结合新要求和大学生群体思想行为特点，重点把握好以下三个基本原则。

（一）坚持内在价值与外在价值相结合，体现劳动教育的人文关怀

中华人民共和国成立以来，我国劳动教育的政策发展经历了不同历史

阶段，通过梳理会发现，虽然不同历史时期我国劳动教育的价值诉求侧重点各有不同，但也有一些共同之处，就是我国劳动教育表现出明显的服务社会发展的外在目的取向，每一次都是来自教育系统之外的需要左右着劳动教育的走向。这反映出我们对劳动教育的价值意涵把握不到位，忽视了劳动教育在人才培养过程中的重要作用，割裂了劳动与人的身心健康及全面发展之间的逻辑关系。加强高校劳动教育，要坚持"以生为本"的教育原则，尊重大学生在劳动教育中的主体地位和作用，切实增强大学生在劳动活动中的幸福感、获得感、安全感。在此基础上，引导大学生自觉把个人的理想追求融入国家和民族的事业中去，建构个人与集体、个人梦与中国梦融合统一的命运共同体，实现大学生的全面发展。

（二）坚持正向激励与负向激励相结合，突出劳动教育的示范引领

劳动教育是促进人全面发展的重要内容，也是高校落实"立德树人"根本任务的重要途径。加强高校劳动教育需要构建"以生为本"的多元化考核评价体系，坚持正向激励与负向激励相结合的基本原则，创新激励约束机制。例如，采取将考核评价成绩作为评奖评优、入党入团重要依据及设立专项奖学金等方式，有效调动大学生参与劳动教育的积极性和主动性，充分发挥榜样的示范引领作用。劳动教育成效的评价，要满足多角度、多形式的多维要求，对学生的劳动理论知识认知情况可以使用卷面测试、论文撰写等形式进行量化考查，而对于学生的劳动实践效果可以采取社会实践、志愿服务等形式进行质性评价。同时，在评价过程中，要科学对待大学生和教育者之间主客体关系的统一，既要评价大学生在劳动实践中的劳动纪律、劳动态度、劳动技能等，也要对教育者的授课能力、专业劳动技能水平等进行评价。

（三）坚持校内教育与校外教育相结合，增加劳动教育的路径选择

高校作为大学生日常学习生活的第一场所，其优越的人文环境和良好的硬件设施对于大学生的观念塑造、素质提升、习惯养成具有积极作用，尤其是在发挥劳动综合育人方面作用突出，是开展高校劳动教育的主阵地。社会和家庭作为大学生学习生活的第二场所，在大学生的成长成才过程中发挥着重要作用，对加强高校劳动教育的效果影响值得重视，是高校开展高校劳动教育工作的延伸和有益补充。因此，需要把握高校、社会、家庭各方面的教育优势，建立校内与校外的协同育人机制，高校运用教学场景优势，突出观念塑造作用；社会依托实践场景优势，强调素质提升作用；家庭发挥劳动场景优势，强化习惯养成作用。劳动教育是实现大学生社会性发展的教育活动，必须打破高校的劳动教育话语权垄断地位，促进高校、社会、家庭三方优势资源的整合提升，共同推进高校劳动教育取得实效，达到"1+1+1>3"的教育效果。

三、加强高校劳动教育的实践路径

加强高校劳动教育要深刻认识和把握教育发展规律，着力在思想观念、机制建设、实践平台、宣传引导四个方面创新实践路径，构建多元化、系统化的劳动教育体系，赋予大学生全面发展以新动能。

（一）更新思想观念，全面提高对劳动教育重要性的认识

我国高校开展劳动教育的良好氛围正逐渐形成。但也应清醒地看到，高校在推进劳动教育落地生根方面成效不明显，劳动教育在整个高校教育

教学体系中仍属于薄弱环节。造成这种现状的根本原因，在于对劳动教育所蕴含的价值认识不足。因此，高校必须更新思想观念，全面提高对劳动教育重要性的认识。

高校要深刻理解和把握劳动教育的意蕴。今天的劳动教育不是过去放弃课堂去体力劳动模式的简单回归，而是让大学生通过劳动体验实现知识的内在建构、劳动价值的认同和技能水平的提高，并且依靠劳动不断进步提升，达到自我突破、发展、完善的目的，最终实现自身的全面发展。同时，高校要深刻理解和把握德智体美劳的辩证关系。客观认识劳动教育的综合育人功能，不能将其视为包含在其他四育之内的元素，而应将其看作是相对独立的重要平台，是对德智体美教育的有力支撑。

（二）完善机制建设，构建系统化的劳动教育保障体系

完善机制建设，构建系统化的劳动教育保障体系，是加强高校劳动教育落到实处的关键。高校劳动教育在机制建设包含三个层面。

机构设置层面，根据学校自身实际，设立劳动教育委员会负责统筹推进劳动教育相关事务，或者赋予业务职责相近部门劳动教育职能，构建形成课程教育、理论研究、实践开展"三位一体"的劳动教育体系。

经费保障层面，高校在进行经费预算及分配时，要加大劳动教育经费投入力度，为劳动教育有序开展提供强大动力。

制度规范层面，一是高校制定颁布科学规范的规章制度。出台的规章制度应对高校开展劳动教育的主要目标、基本要求、实施方案、奖惩措施等进行明确说明，为高校劳动教育工作的开展提供法律依据和支持。二是构建分层次的教育内容体系。不同年级学生在专业认知、身心发展规律等

方面有所不同，劳动教育内容要根据学生年级不同分层次设定，以此激发学生辛勤劳动、诚实劳动、创造性劳动的内生动力。

（三）打造实践平台，不断丰富劳动教育的形式和载体

加强高校劳动教育要充分利用校内校外的各种实践载体，创新劳动实践方式和途径，让劳动教育走出课堂，走进校园、社区、农村、工厂、军营等。通过大力扩展各具特色的劳动实践平台，开展形式多样的教育活动，帮助大学生在劳动认知、劳动品德和劳动能力等方面有"质"的飞跃，努力成为可堪大用、勤于奋斗的栋梁之材。

一是发挥社会实践主渠道作用。高校应以尊重学生个人兴趣为基础，以开展社会实践为主线，以提升学生劳动实践能力为目标，组织学生到机关事业单位、工业企业尤其是到艰苦边远地区和基层一线开展劳动实践，多渠道、多形式推进校外劳动教育实践基地建设，让学生在参与劳动实践过程中"受教育、增才干、做贡献"。同时，高校还应组织学生到敬老院、爱心福利院等慈善公益单位开展志愿服务，引导大学生在公益劳动中自觉树立正确的劳动价值观。二是充分发挥校园公共活动场所的作用。高校要注意挖掘各类校园公共活动场所中的劳动育人元素，重视发挥其对于学生劳动精神的培养作用。例如，在餐厅、学生宿舍、图书馆、体育活动中心等高校较有代表性的校园公共活动场所设置志愿服务岗位，学生在这些场所中学习生活，为了保持公共空间的整洁、美观，自然也会产生一些劳动力。

（四）加强宣传引导，努力营造校园劳动育人良好氛围

加强高校劳动教育，要充分利用新媒体、传统媒体等各类媒体平台，将劳动价值观的宣扬与高校宣传工作紧密结合，通过宣传劳动模范先进事迹，

教育引导大学生不断深化对劳动的认知并自觉践行劳动精神，着力营造"劳动气息满校园、劳动场景时时有、劳动活动人人上"的校园劳动育人氛围。

校园文化作为高校育人的重要实现途径，能为促进学生成长成才营造良好的文化氛围。高校可将"生态理念"与劳动教育相结合，将劳动元素融入校园内的花园、长廊、景观湖等自然场景中，如利用现有的花园打造劳动主题文化园地，形成"廊、场、塑、亭、馆、苑"等校园劳动文化格局，因地制宜营造劳动育人良好氛围，让校园的每一处景观都能"说话"，每一个角落都能润德，每一分气息都能熏陶。同时，形成邀请相关行业领域科学家、院士、大国工匠、劳动模范等先进人物进校园的常态化机制，充分发挥各行各业劳动精英对大学生成长的引领示范作用，充分展现高校对劳动精神的尊重与崇尚。除此之外，在营造劳动舆论氛围上，要紧跟时代潮流，创新宣传方式，综合利用网站、宣传栏、校园广播、微信、微博、抖音短视频等各类媒体平台，充分发挥融媒体在营造校园劳动育人良好氛围中的舆论宣传优势，有效提升校园媒体的感召力，让学生对校园媒体所传播的语言文字"看得见、听得着"，真正使学生从内心认同践行劳模精神、劳动精神、工匠精神。

第二节　高校劳动教育模式

一、高校劳动教育的核心

劳动精神表现为崇尚劳动乐于奉献的时代担当、善于劳动坚定中国道路的价值自觉、乐于劳动开拓进取的创新意识、勇于劳动攻难克艰的斗争精神，这是伟大民族精神的时代要求，是推动时代发展的精神动力。一些大学生在中学阶段以升学为唯一目标而缺乏生活自理能力，到大学后存在角色转换困难，出现心理健康危机、学习危机和生活危机，出现"四体不勤""五谷不分""啃老族"等问题，无不是缺乏劳动精神的体现。现实需要我们在做好大中小学劳动教育一体化教育体系设计的同时，更要做好因中小学缺乏劳动教育而出现不适应校园生活的高校劳动教育再教育，使其快速提振精神、聚焦根本任务。在培养劳动精神，尤其要弘扬斗争精神，斗争精神是中华民族在追求伟大复兴征程中形成的"六亿神州尽舜尧"的人民情怀、"革命理想高于天"的理念信念、"敢教日月换新天"的高尚品质、"宜将剩勇追穷寇"的气节操守。

二、高校劳动教育的层次

以劳动价值为引领的劳动知识、劳动能力、劳动素质的一体化教育体系。

劳动知识是指劳动者在劳动过程中形成的有关劳动的基本知识，既包括基本的劳动知识，也涵盖各学科专业发展的相关知识。基本知识教育由劳动教育专兼职教师进行，专业劳动知识则由专业教师结合专业知识学习和实践活动开展。劳动知识是劳动能力和劳动素质形成的基础。

劳动能力是指劳动者在劳动过程中形成的有关劳动的基本能力，既包括基本的劳动能力，也涵盖各学科专业发展的相关能力。这既需要专业劳动教育教师的倾心传授，更需要专业老师的悉心提点。劳动能力的提升有赖于劳动知识的学习和积累，同样反过来，劳动能力提升后也促进劳动知识的习得。一定的劳动能力实践锻炼积累就会形成劳动素质。

劳动素质是指劳动者经过生活和教育活动，了解和掌握与劳动有关的理论知识与实践策略，是一种较为稳定的与劳动有关的基本素养体现。

当然，劳动知识、劳动能力、劳动素质是在一定的劳动价值引领下形成和发展的。在当代，要遵循社会主义核心价值观，在劳动教育中，要充分发挥劳动价值的引领作用。在中国特色社会主义的今天，更要一以贯之聚焦劳动价值，围绕劳动价值开展教育教学活动，积极弘扬践行社会主义劳动价值观念，要按照学思用贯通、知信行统一的要求，构建螺旋式上升的劳动教育体系，全面完成劳动教育任务。

三、高校劳动教育的内容和路径

（一）构建"四位一体"的劳动教育课程体系

在劳动教育内容上，要构建劳动价值观教育、劳动品德教育、劳动技能教育、劳动习惯教育四项内容相融相合、互促互进的课程体系。

劳动价值观教育：劳动价值观教育是指劳动教育的核心价值观，它是一种以劳动为基础的价值观，旨在培养学生的劳动精神，增强学生的劳动能力，提高学生的劳动素质，使学生具备良好的劳动习惯，从而更好地适应社会发展的需要。

劳动品德教育：加强劳动品德教育，养成"淡泊名利、甘于奉献"的社会主义劳动品德，诚实劳动合理取酬，牺牲小我成就大我，引导学生自觉投身到中国特色社会主义建设的伟大事业中去。

劳动技能教育：把劳动教育与基本生活（学习、工作）技能训练、专业实践实训等结合起来，培养学生学会基本的劳动生产技能，促进学生全面发展，为中国特色社会主义建设输送所需的劳动人才。结合校内的专业课，让学生通过自己动手来制作完成课程设计、毕业设计、见习等来增长学生的劳动技能。结合校外的劳动实践活动，让学生通过社会公益活动、社会生产劳动和其他的社会实践类活动，促进学生劳动技能的提升。

劳动习惯教育：加强劳动习惯教育，养成爱惜公物珍惜资源的生活习惯、独立钻研善于思考的学习习惯、锐意探索精益求精的科研习惯、忠于职守讲究效率的工作习惯等基本习惯，形成一种自觉劳动的行为。

（二）构建"四位一体"劳动教育路径体系

在劳动教育路径上，要构建劳动教育课程主导、学科专业课程融合、校园文化熏陶和实践活动感悟四种途径相融相合、互促互进的路径体系。

1. 劳动教育课程主导

制定劳动教育课程标准，编写劳动教育教材，推进劳动教育示范课程建设；开发线上劳动教育资源教学库，建设线下劳动教育实训场所；积极探索开设《高校劳动教育概论》独立课程，列入培养方案、编入教学计划、记入课程表。该课程包括理论课和实践课两类，理论课部分在第一课堂完成，采用混合式教学模式；实践课部分在第二课堂完成，由教务处统筹，各二级学院具体负责，采用值日生和劳动周方式，借助产教融合、校企合作以及学校资源，创建联建或共享劳动实践基地，指导二级学院开展实践教学；坚持开设《劳动哲学》《劳动伦理学》《劳动文化学》《劳动社会学》《劳动经济学》《劳动教育学》等一系列"劳动+"课程，深入开展劳动教育的理论探讨，丰富劳动知识，提高劳动理论素养，增强劳动价值认同。

2. 学科专业课程融合

积极挖掘学科专业教学中的劳动教育元素，如文科类专业的社会调查和田野调查、理科专业的实验统计、工科医科专业的实训实操、艺术学科的作品创作等，实现专业教育与劳动教育的有机融合。要将劳动教育渗透到专业课教学中，专业课教师要在课堂上结合专业内容对学生进行劳动教育。深化劳动教育融合专业课程，在课程学习中适时适当适度融入专业劳动知识与技能、劳动纪律、劳动法、职业道德等内容，使学生在培养专业素养过程中，强化劳动意识、培育劳动情感、提升劳动技能、形成劳动习惯。

3. 校园文化熏陶

将劳动教育融入思想引领和校园文化中，充分挖掘校史校训、校风教风学风中的典型人物和典型案例，整合媒体力量，加大宣扬传播力度，传承大学精神。每一所大学都是在如歌岁月中发展成长起来的，都有一些可歌可泣的校园故事，担负着大学精神基因的传承，这是不可多得的教育资源。推进楼馆合一，赋予教学楼文化展示功能，如在工科院系张贴"大国工匠""工匠精神"的宣传资料、在理科院系张贴国家科学技术奖获得者的宣传资料等，激发学生们的报国热情。邀请大国工匠、劳动模范、"非遗"传承人开展校园活动，让学生近距离感受工匠精神和劳模精神、领略劳动精神和奋斗精神的内涵。

将劳动教育融入社会实践中，设定相应主题，采取丰富多彩的教育形式和喜闻乐见的活动方式，以五一劳动节为节点，打造富有特色的劳动文化节，推出"我身边最美劳动者"等先进典型评选活动，激发学生以"劳动为荣"的荣誉感和自豪感。邀请先进人物和专业劳动协会的人员担任校外辅导员或到校开展劳动教育专题讲座，亲身示范指导学生开展劳动。

4. 实践活动感悟

强化实践教学基地建设，争取社会各方面支持，开发实践教学资源，建立校外实践教学基地，引导学生走出校门，到基层去，到工农群众中去，提高社会实践的质量和效果。加强与校外实践教学基地的交流，充分发挥实践教学基地的育人作用，升华学生对劳动精神的体验感受和认知理解。

结合专业实习实训。以实验实训课程、技能竞赛和顶岗实习为抓手，在校企融合、产教融合中，强化学生专业技能，建立劳动技能证书资格认证制度，让学生获得技能技巧，培养劳动责任感、集体主义精神，增强纪律意识，提升劳动素养。

结合校园环境治理。实行校园卫生责任包干制，在校内道路、食堂、图书馆、公共区域设置卫生责任区，由学院分区包干，配合物业每周对各自包干区域进行卫生清洁，开展爱国卫生运动，共创文明校园。做好"文明宿舍"创建，开展"文明宿舍"评比活动，创造整洁、文明、舒适的生活环境，增强学生劳动意识，养成勤于劳动的良好习惯，建设内务整洁、秩序井然的宿舍育人环境。

结合校内治理。拓宽勤工助学渠道，逐步增加校内勤工助学岗位，加大后勤管理部门、图书馆等部门合作，为学生提供力所能及的勤工助学岗位，通过勤工俭学磨炼自身意志，增强学生综合素质，培养学生热爱劳动、自强不息的奋斗精神。

结合志愿服务。开设"菜单式"志愿劳动服务项目，每月公布志愿劳动服务项目，由学生根据兴趣选择，并利用学雷锋日、植树节、劳动节等时间节点组织志愿劳动活动，推进学雷锋活动制度化、常态化。

四、实施高校劳动教育的保障

加强劳动教育的保障体系建设，围绕人才培养目标，遵循大学生成长成才规律，构建机制灵活的保障体系。

（一）组织保障

加强党对学校的全面领导，发挥党委管党治党、办学治校的主体责任，组建党委领导、校长主管、分管领导协调联动的劳动教育工作体制。学校党政会议要制订劳动教育的总体规划与实施计划，定期分析劳动教育工作状况，扎实推进劳动教育工作。各二级教学院系也要成立相关机构，确保劳动教育落实落细。

（二）队伍保障

构建专职教师队伍。鉴于目前高校劳动教育刚刚起步，从校内教师中遴选一批专职负责劳动课程的教师，具体从事劳动知识的讲授、劳动技能的训练等工作。加强专职教师队伍的业务能力培养，按照劳动教育的内容，采取定向培养的方式，开展集中培训，迅速形成高质量的专业师资。加强实验实训教师和专业教师的劳动教育意识，在教学过程中注重培养学生的劳动技能，形成良好的劳动习惯。

（三）制度保障

建立健全劳动教育工作制度体系，逐步健全劳动教育的规章制度。建立高效的统筹协调机制，整合劳动教育资源。建立完善的评价机制，构建闭环评价反馈体系。

（四）经费保障

加大劳动教育的资金投入，设立专门预算科目，做到专款专用，确保劳动教育与实践、师资培养与培训、表彰奖励等所需费用。积极拓展教育资金筹措渠道，引进社会资金，建立持续投入的良性机制。

（五）条件保障

建立校内外劳动教育实践基地，拓展校内劳动实践项目，结合"五一"等时间节点，开展扎实有效的实践锻炼，结合文明校园创建活动等，开展各具特色的劳动锻炼；立足专业实际，结合校外专业实践基地建设，开展具有专业特点的劳动教育活动，拓展劳动教育阵地，形成多渠道、多时空劳动教育体系。

第三节　高校劳动教育培养体系

劳动是人类社会发展的源头活水，社会的一切进步都离不开劳动。在我国国民教育体系中，劳动教育拥有与德智体美教育一样重要的地位。伴随着中国特色社会主义进入，国家、社会、学校、家庭虽然对高校劳动教育的认识水平和重视程度都明显提高，教育效果也有了显著改善，但是仍然存在着教育理念急功近利、缺乏脚踏实地的务实性，培养目标含混不清、缺乏纲举目张的确定性，培养体系虚无缥缈、缺乏落地生根的可行性，教育方式枯燥单一、缺乏生动活泼的生活性，教育效果参差不齐、缺乏行之有效的评判性等问题。高校劳动教育应当以培养光荣劳动、辛勤劳动、诚实劳动和科学劳动等观念为核心目标，积极探索以体验式、参与式和生存式为主要维度的实践育人路径，最终形成"三全"劳动育人的高校劳动教育体系。

一、构建高校劳动教育培养体系的路径

（一）确立四大核心价值目标

劳动是光荣的，劳动是美丽的，劳动也是辛苦的，需要埋头苦干、辛勤耕耘，更需要脚踏实地，诚实守信。劳动又是人类社会发展的源头活水，社会的一切进步都离不开劳动。具体而言，高校劳动教育应当以厚植崇高伟大的光荣劳动观、培养埋头苦干的辛勤劳动观、弘扬脚踏实地的诚实劳动观、塑造开拓创新的科学劳动观这四大核心价值为主要目标。

1. 厚植崇高伟大的光荣劳动观

孔子曾说，"吾少也贱，故多能鄙事"；孟子认为，"劳心者治人，劳力者治于人"。在中国传统的儒家知识分子心目中，劳动是低贱的，他们鄙视劳动者和劳动行业，把劳动者看作下等人。当前，在升学压力巨大的情况下，学校和家长多存在重分数、轻素质，重智力、轻体力的思想，使学校用知识教育替代了劳动教育。而从高中校门迈入高校校门的大学生，也大多存在劳动能力低下、好逸恶劳的思想观念。但是，我们必须明白"热爱劳动、参加劳动才能实现个人的健康成长，不愿劳动、不爱劳动则会阻碍个人的全面发展"，所以厚植劳动光荣伟大的观念刻不容缓。

2. 培养埋头苦干的辛勤劳动观

劳动很伟大，劳动也很辛苦，绝大多数劳动能坚持下来都需要内在精神和信念的支撑。因此，需要通过劳动教育来减少或者消弭青少年不正当的劳动观念，而增加正当的、高贵的、高雅的、高尚的劳动观念。当然，培养劳动光荣伟大的思想观念不能仅仅诉诸说教，还要从更深层次的精神层面激发青年大学生对劳动的兴趣。正如苏联教育家苏霍姆林斯基所说，"只有在孩子领悟自己的努力具有创造作用，领悟劳动具有重大的社会意义之后，才能培养他对劳动的真正热爱。没有这一觉悟因素而去强迫学生劳动，势必会遇到学生顶牛，越顶越牛"。美国教育家桑代克也提出，"假如我们能使教育方法和材料合乎他的欲望，那么我们将觉察到学习更生动，更活跃，更高兴。他的活动就会被启发得更好，被维持得更久。凡所谓价值、所谓利益、所谓优良者，直言之，即谓有满足人类需要之能力"。

3. 弘扬脚踏实地的诚实劳动观

诚实劳动不仅仅包含诚信劳动，更重要的是安于劳动，乐于劳动，凭着自己的良知，忠实完成自己的劳动工作，这就需要更高层次的精神世界和道德感的教育。"君子爱财，取之有道"，孔子曾经大力赞扬自己的弟子颜回说"贤哉，回也！一箪食，一瓢饮，在陋巷，人不堪其忧，回也不改其乐"。青少年劳动教育就应当像颜回那样，守得住清贫，耐得住寂寞，忍得住辛苦，一切都要通过自己的双手，辛勤劳动、合法手段来收获。然而，现实的情况是面对高额利润，有的人会铤而走险，走私贩毒，罔顾国法和道德；有的人会绞尽脑汁，逃税避税，钻法律的空子。我们应当把敬业诚信的社会主义核心价值观融入社会生活的各个角落，让诚信做人和诚信做事成为每个人的为人之道，让诚实劳动、合法劳动成为每个公民立身谋事的必由之路，这样才能对青少年的成人成才起到春风化雨的教化作用。

4.塑造开拓创新的科学劳动观

所有的劳动都孕育着创新的元素,所有的创新都从劳动之中脱胎而来,离开劳动,所有的创新都是无根之末,无水之源;没有创新,所有的劳动就没有灵魂,没有前进的助推力。中国梦的实现离不开创新,人民生活水平的提高源于创新,中国人自己掌握核心科技更是不能没有创新,而创新型人才的培养在大学阶段尤为重要。

当下,培养创新劳动观念势在必行。时代呼唤创新,国家渴望创新,社会急缺创新型的人才,而创新型人才又必须通过青少年的创新劳动教育来实现,所以,在青少年中塑造和培养创新型劳动观既是的选择,也是一流本科教育的应有之义。

(二)探索"四位一体"的实践育人路径

我国当前应逐步构建以体验式、参与式和生存式为维度的青少年劳动教育实践育人路径。

1.体验式劳动育人

劳动本身就是一个身心共同体验的过程,青少年在体验式劳动教育过程中,会产生和形成包括身体、情绪和情感等方面丰富的劳动体验。这些体验有的是积极的,比如兴奋、快乐、怜惜、敬佩、快乐和幸福;有的是消极的,比如麻木、疼痛、烦躁、痛苦、厌恶等。这些体验直接影响着青少年劳动价值观念的形成。体验式劳动教育从地域上可以分为课内课外、校内校外、国内国外的体验;从空间上可以分为生活现实体验和网络虚拟体验;按照参与主体不同,可以分为亲身体验和参观体验;根据内容不同可以划分为行业体验、文化体验、生态体验等。不管是何种方式的体验式劳动，都需要教育者通过一定的方式，对积极的体验加以及时固化，对消极的体验进行合理的缓释，从而使青少年在劳动过程中逐步形成积极向上的劳动价值观念。相比传统的灌输说教式的教育方式，体验式劳动教育有其天然的优势，可以让青少年在形式多样、变化万千的体验劳动中逐步养成正确的世界观、人生观、价值观，成为国家的栋梁之材。

2. 参与式劳动育人

参与式劳动源于管理学上的参与式管理，其精髓是"赋予部属决策参与权，并让部属在自己的职责上拥有较多的选择权和较大控制参与式管理，而不是采用监督命令的控制方式"。这种管理模式使下属以一个主人翁的身份参与到公司的运行和管理中，能够最大限度地调动各方面的工作积极性、主动性和创造性。在青少年劳动教育中引入参与式理念，能让学生产生一种"天下兴亡，我的责任"的意识，实现受教育者从旁观者到参与者、从见证者到亲历者、从被动接受到主动作为的转化，让学生像关心自己一样关心学校的发展、关心社会的进步、关心国家的振兴。教育者可根据青少年的个性特点，在信任和鼓励的基础上，给予学生更多的劳动自主权。参与到管理服务中的大学生，"在受到尊重、信任和比较自主的环境中，他们对于感兴趣的和与自己有关的事情，往往乐意倾注较多的时间和精力，能够潜心学习，深入研究"，他们的劳动价值观和对待劳动、对待劳动者的情感认同也会在潜移默化中进一步强化。

3. 生存式劳动育人

所谓生存式劳动教育指的是以培养青少年敬畏生命、顽强生存和幸福生活为终极目标，以内化生存知识、装备生存技能、适应生存环境为教育手段，锤炼青少年的意志品质、陶冶道德情操、锻造社会适应能力，培养知情意行健康和谐全面发展的人的劳动教育。劳动教育的初级阶段是教育青少年掌握生存知识，装备生存技能。在这一阶段所表现出来的综合生存能力，是人作为一个生命体生存繁衍的首要条件，也是教育工作存在的前提。"人类经历坎坷、辛勤劳动的潜在的、最为朴素的动因，那就是为了人类能够世代繁衍生息下去，而且是更好地共同生活在这个地球上，生存成为人类永恒的目标。"锤炼意志品质、陶冶道德情操、锻造社会适应能力是生存式劳动教育的中级阶段。青少年如果想要在不同的自然环境下顽强地生存下来，不仅需要强健的体魄，更需要强大的意志力、敏锐的观察力和高尚的道德感的支撑，而这些能力的获得，课堂的知识教化只是一个方面，更重要的是在生存式的劳动实践中获取。培养青少年敬畏生命、顽强生存和追求幸福生活，做中国特色社会主义的合格建设者和可靠接班人则是生存式劳动教育的终极目标。

体验式、参与式与生存式劳动教育形成一个有机整体，它们之间相互作用、相互影响、相互制约、相互促进，其中雇主式劳动教育是导向，生存式劳动教育是基础，体验式和雇主式劳动教育是现实路径。缺少任何一个环节，都无法实现劳动教育实践育人的功能，只有四个维度同时作用、同时影响，才能真正达到劳动教育实践育人的目的。

（三）实现"三全劳动育人"的工作机制

1. 恪尽职守，全员劳动育人成合力

要实现全员劳动育人，教育系统必须以劳动育人的目标为共同的价值追求，在此基础上划定各自的责任清单，并且根据清单要求各司其职、各尽所能，又协同配合、万剑归宗，最终形成劳动育人的合力。"实现全员

育人是要强化高校全体教职工的育人意识，彰显高校每项工作、每个领域的育人功能。为此就需要建立共享价值和责任清单。"这里的共同价值追求，就是以崇高伟大的光荣劳动观、埋头苦干的辛勤劳动观、脚踏实地的诚实劳动观和开拓创新的科学劳动观为核心的劳动教育价值目标体系。而责任清单则是根据劳动育人的目标要求，针对不同的岗位特点、工作性质和服务对象，设置针对性强、体现不同年级、不同专业特点的劳动育人责任清单。

2. 丝丝入扣，全过程劳动育人见真章

全过程劳动育人的难点和重点在于每一个育人环节的有效衔接，包括教与学的衔接、理论与实践的衔接，教育、管理、服务的衔接，参与和体验的衔接，社会需求与培养计划的衔接，还包括与德智体美教育的有机衔接等多个方面。要实现各个环节的完美契合，首先要有完善的制度设计作为保障。要在广泛调研的基础上，充分听取学校、家庭、社会和青年大学生的建议和心声，制定符合高校劳动教育现状的制度，从制度上规定每一个环节的具体要求和应当达到的效果，用制度评价每一环节的完成程度。其次要与时俱进，随着时间与政策的变化随时调整顶层制度设计，坚持与时俱进，充分做到"世异则事异，事异则备变"。最后，在制度的设计和执行上，充分尊重人的作用，坚持用对的人做对的事。

3. 优势互补，全方位劳动育人显成效

全方位劳动育人涉及的领域非常广阔，而且每一个领域都有其自身优势，也不可避免地存在着固有的缺陷：课堂教学理论性有余而实践性不强，课外活动易于操作而较难掌控；家庭教育可塑性强而难以有效推广，学校教育可以批量培养却又难以兼顾个性发展；国外教育优秀的教育方法可以借鉴但又涉及如何与中国实际相结合，网络劳动育人易操作、好掌控但又

缺乏面对面、心与心的交流互通。因此，要真正实现全方位劳动育人，每一个领域都要以劳动育人共同价值追求为初心，充分发挥各领域的优势与特长，在资源、人才、制度、评估等方面实现互融互通，优势互补，逐步形成全领域、全时空、全维度的劳动育人机制。

第四节　高校劳动教育实践课程

热爱劳动是中华民族几千年的传统美德，劳动教育是党的教育方针和国民教育体系的重要内容，是全面育人的重要途径。本节着重从教育管理机构、实践课程大纲、课程实施、评价制度等方面探讨了建构普通高校高校劳动教育实践课程体系的基本内容，并提出从学校主导、经费投入、实践场所、队伍建设等方面对课程体系提供保障。

一、正确认识高校劳动教育课的重要价值

劳动教育是国民教育体系的重要内容，是学生成长的必要途径。它具有树德、增智、强体、育美的综合育人价值，实现"以劳树德、以劳增智、以劳强体、以劳育美、以劳创新"的育人效果，进而产生"以劳促全"的社会效果。学校实施劳动教育的重点，是要让学生在文化知识学习的同时，有目的、有计划地组织学生参加日常生活劳动、生产劳动和服务性劳动，让学生在动手实践、出力流汗中，提高团结协作的道德素养，增强创新创业的智力水平、锻炼健康的体魄，体验劳动之美的心灵感受，从而培养学生正确的劳动价值观和良好的劳动品质。

中共中央、国务院于 2020 年 3 月 20 日发布的《关于全面加强大中小

学劳动教育的意见》（以下简称"意见"）指出，普通高等学校要明确劳动教育主要依托课程，其中本科阶段不少于32学时。除劳动教育必修课程外，其他课程结合学科、专业特点，有机融入劳动教育内容。大中小学每学年设立劳动周，可在学年内或寒暑假自主安排，以集体劳动为主。高等学校也可安排劳动月，集中落实各学年劳动周要求。根据以上要求，普通高校劳动教育课程分为理论课程（32学时）和实践课程（劳动周或劳动月），理论课程可以根据专业特点明确依托课程，或开设《劳动科学概论》，主要任务是解决为什么劳动和劳动什么的认知问题；实践课程要解决的是该怎样劳动的技术问题。这是实现学生从会劳动到懂劳动，最终爱劳动的过程。由于大学生具有比中小学生更多的对于劳动的理性认识，对劳动的目的、价值与自己的创新创业就业黏合度比较高，因此，教师在对大学生进行劳动教育时重点应该放在劳动实践课程的设计上。为避免流于形式和考核的随意性，学校设计和建构一套兼顾科学性与实效性的劳动实践课程显得尤为重要。

二、建构科学、有效的高校劳动教育实践课程体系

普通高校劳动教育实践课程主要解决的是社会劳动、增强劳动技能的问题。过去，普通高校学生的专业实习，为了节省教育经费或出于安全等其他因素考虑，采取的是分散的个体实习。这样，学校教师虽然省时、省心，但是，学生往往并没有到实习单位参与实际实习，而是宅在家里虚度光阴，实习结束时编造一个专业实习报告，通过关系随便找个单位盖个公章就算交差了。因此，笔者认为，劳动教育实践课程绝不应该流于形式，学校应当制定一套完善的、有效的实践课程体系，让这套体系成为学生劳动实施、

考核、评估的重要依据。

第一，高校必须建立系统、完整的劳动教育管理机构。这个机构承担起领导、实施、考核、监督、评估、提供劳动教育工具、落实劳动教育基地、明确劳动教育内容等一系列任务。我们可以这样考虑，学校在一级层面，由教务处设立劳动教育科，负责制订高校劳动教育的理论学习和实践课程计划，并招录和管理劳动教育课程教师；在二级层面上，由院系办公室负责落实劳动教育的具体实施，并由各院系专业指导教师和辅导员配合进行。这样的安排既有利于降低运行成本，又有利于劳动教育师资在全校进行优化配置。

第二，相关部门可以制定科学且具有操作可行性的劳动教育实践课程大纲，让大纲成为开展劳动实践教育的重要依据。《意见》要求："大中小学每学年设立劳动周，可在学年内或寒暑假自主安排，以集体劳动为主。高等学校也可安排劳动月，集中落实各学年劳动周要求。"由此，在劳动教育实践课程的形式安排上，学校要尽量以"集体劳动"为主。这样既可以有效监督和考核大学生的劳动态度、劳动纪律、劳动效果，又可以培养大学生的集体荣誉感和归属感。实践教育课程的时间安排，必须保证学生每学年一周或者4学年一个月的集中劳动。在内容上，笔者建议将劳动分为四种，即日常生活劳动（主要是做好寝室和个人卫生）、校园公共劳动（主要是校园公共区域卫生、绿化、食堂帮厨等）、校外公益劳动（主要是进行校外社区、公共区域劳动）和专业实习劳动（结合专业实习见习）。学生的日常生活劳动和校园公共劳动要常态化。学校可根据劳动时间和劳动效果折算劳动实践课程学时，对于校外公益劳动和专业劳动，在教师的指导下，有计划、分步骤地安排，并折算相应课时。

第三,劳动教育课程的实施。学校可以根据需要编写劳动实践指导手册,明确教学目标、活动设计、工具使用、考核评价、安全保护等劳动教育要求。《意见》要求,高等学校要注重围绕创新创业,结合学科和专业积极开展实习实训、专业服务、社会实践、勤工助学等,重视新知识、新技术、新工艺、新方法的应用,创造性地解决实际问题,使学生增强诚实劳动意识,积累职业经验,提升就业创业能力,树立正确择业观,具有到艰苦地区和行业工作的奋斗精神,懂得空谈误国、实干兴邦的深刻道理;注重培育公共服务意识,使学生具有面对重大疫情、灾害等危机主动作为的奉献精神。

第四,健全劳动素养评价制度。《意见》指出,将劳动素养纳入学生综合素质评价体系,制定评价标准,建立激励机制,组织开展劳动技能和劳动成果展示、劳动竞赛等活动,全面客观记录课内外劳动过程和结果,加强实际劳动技能和价值体认情况的考核;建立公示、审核制度,确保记录真实可靠;把劳动素养评价结果作为衡量学生全面发展情况的重要内容,作为评优评先的重要参考和毕业依据,作为高一级学校录取的重要参考或依据。劳动素养是对大学生劳动态度、劳动纪律、劳动能力、劳动效果的综合反映和评价。比如,寝室卫生的检查和评价,是大学生个人卫生和宿舍生态的综合反映,它反映了大学生的生活态度和审美追求,"一屋不扫何以扫天下"。

三、全面落实普通高校学生劳动教育实践课程的基本保障

完善的劳动教育实践课程体系离不开基本保障的支撑,关系到劳动教育实践的效果。

第一,学校要在劳动教育中发挥主导作用。根据《意见》要求,学校

要切实承担劳动教育的主体责任，明确实施机构和人员，开齐开足劳动教育课程，不得挤占、挪用劳动实践时间；明确学校劳动教育要求，让学生掌握必要的劳动技能；根据学生身体发育情况，科学设计课内外劳动项目，采取灵活多样的形式，激发学生劳动的内在需求和动力。高等院校要组织学生走向社会、以校外劳动锻炼为主，增强大学生劳动最辛苦、劳动最光荣的使命感和崇高感。

第二，健全经费投入机制。根据《意见》要求，各地区要统筹中央补助资金和自有财力，多种形式筹措资金，加快建设校内劳动教育场所和校外劳动教育实践基地，加强学校劳动教育设施标准化建设，建立学校劳动教育器材、耗材补充机制。学校可按照规定统筹安排公用经费等资金开展劳动教育；可采取政府购买服务方式，吸引社会力量提供劳动教育服务。

第三，多渠道拓展实践场所。《意见》提出，各地区要大力拓展实践场所，满足各级各类学校多样化劳动实践需求。农村地区可安排相应土地、山林、草场等作为学农实践基地；城镇地区可确认一批企事业单位和社会机构，作为学生参加生产劳动、服务性劳动的实践场所。高等院校要建立相对稳定的实习和劳动实践基地，充分发挥自身的专业优势和服务社会。比如，学校可以在农村利用"四荒"（荒山、荒坡、荒滩、荒沟）基地进行水土治理、农作物栽培和绿化工作；在城市联系企业、养老院、社区、公园等基地，让学生开展专业实习或绿化卫生等工作。

第四，多举措加强人才队伍建设。根据《意见》要求，学校要采取多种措施，建立专职、兼职相结合的劳动教育师资队伍。高等院校要加强劳动教育师资培养，有条件的师范院校开设劳动教育相关专业，设立劳模工作室、技能大师工作室、荣誉教师岗位等，聘请相关行业专业人士担任劳动实践指导教师。学校要把劳动教育纳入教师培训内容，开展全员培训，强化每位教师的劳动意识、劳动观念，提升实施劳动教育的自觉性，对承担劳动教育课程的教师进行专项培训，提高劳动教育的专业化水平。当下，鉴于普通高校劳动教育师资欠缺的情况，学校可以考虑临时聘请部分职业技术学院技师、农业院校的农艺师和园艺师、农村种田能手、企业工匠等充实高校劳动实践课程师资力量。这种方式，一是可以指导大学生的劳动技能；二是可以培养一支劳动教育专业师资队伍。

总之，对高校大学生开展劳动教育恰逢其时。此时，我们应及时加强宣传，引导大学生树立正确的劳动观念，支持和配合学校开展劳动教育。学校要加强劳动教育科学研究，宣传和推广劳动教育典型经验，大力宣传不畏艰难、百折不挠、敢于担当的劳动者的高尚品格；大力宣传辛勤劳动、诚实劳动、创造性劳动的典型人物和事迹；弘扬劳动光荣、创造伟大的主旋律，旗帜鲜明地反对一切不劳而获、贪图享乐、崇尚暴富的错误观念，营造全社会关心和支持劳动教育的良好氛围。

第五节　高校劳动教育的育人价值

劳动教育是大学生成长教育过程中不可或缺的部分，对促进学生全面发展、发掘新教育模式、推动社会进步都具有重要意义。大学生是国家发展和民族复兴的生力军，是建设创新型国家的主动力，明确高校劳动教育的价值取向，把握高校劳动教育的内在特征，找准高校劳动教育的育人导向，是实现创造性劳动、加快建设创新型国家、实现人才强国的重要保证。面对、新形势、新情况，高校应当明确其劳动教育目标是培养懂劳动、想劳动、爱劳动、会劳动的大学生。

中共中央、国务院发布的《关于全面加强大中小学劳动教育的意见》（以下简称《意见》），为劳动教育布局谋篇，指明了方向。大学生是国家发展和民族复兴的生力军，是建设创新型国家的主动力，因此，必须强化其对劳动本身的认识，锻造过硬的劳动技能。明确高校劳动教育的价值取向，把握高校劳动教育的内在特征，找准高校劳动教育的育人导向，是实现创造性劳动、加快建设创新型国家、实现人才强国的重要保证。

一、高校劳动教育的价值取向

劳动教育是指通过培养学生的劳动价值观、劳动精神、劳动态度，提升学生劳动素养，帮助学生明确劳动的目的、劳动的意义以及劳动的价值，以促进学生形成良好的劳动习惯等为目的的教育活动。《意见》结合时代需求，为高校劳动教育做出顶层设计，明确高校劳动教育的主要使命是引导大学生牢固树立"四个最"（劳动最光荣、劳动最崇高、劳动最伟大、劳动最美丽）的劳动价值观，建立个人劳动价值认知体系；重要任务是强化大学生劳动价值认同，培养劳动自立意识、诚实劳动意识和公共服务意识；现实目标是提升劳动知识水平、夯实劳动基础，从而为大学生的个人全面发展做出积极引导，为培养创新型人才打下坚实基础。

（一）主要任务：牢固树立"四个最"的劳动价值观

思想是行动的先导，是行动的依靠，没有正确的思想就难以有正确的方向；认识是前行的动力，是前行的导向，没有正确的认识就难以继续前行。解决好方向和动力问题的根本就在于解决好思想和认识问题。大学生劳动价值观的形成是基于对于劳动本身的理解和认知，引导大学生理解并认同

"四个最"的劳动价值观、培养大学生"四个最"的劳动价值观是劳动教育的重中之重。少年兴则国兴,少年强则国强。大学生处于价值观塑造的关键期,在这一时期,认知体系的搭建和价值观的塑造不仅关乎大学生的未来,而且事关国家兴衰和社会发展,树立正确的价值观是大学生实现个人发展的重要基础。

劳动是人的本质活动,劳动最光荣展现了人类的智慧,诠释了人类的文明与进步。一切劳动都值得尊重,所有劳动者都值得鼓励,无论是体力劳动还是脑力劳动,无论是简单劳动还是复杂劳动,都值得大学生以此为荣。劳动最崇高,社会生活的本质是实践,没有劳动,社会就会失去生机和活力、失去创新和发展机遇,崇尚劳动是大学生劳动价值观的应有之义。劳动最伟大,伟大出自平凡,英雄出自人民。在中华民族伟大复兴的征程中,需有一大批勤劳勇敢、平凡而伟大的大学生为之奋斗。劳动最美丽,空谈误国,实干兴邦,唯有劳动才能创造幸福生活,唯有劳动才能实现梦想,唯有劳动才能创造未来。要深刻理解劳动创造人的道理,大学生就必须建立正确的劳动价值认知体系和劳动价值观。

(二) 重要任务: 强化大学生的劳动价值认同, 增强劳动意识

人民创造历史,劳动开创未来,劳动的价值与地位在任何时代都是毋庸置疑的。近年来一些大学生出现了轻视劳动价值、不愿劳动、不会劳动等现象,错误地认为"劳心者治人,劳力者治于人",蔑视体力劳动者的劳动成果,忽视"一切劳动都值得被尊重"的事实,归根结底是部分大学生缺乏正确有效的教育引导,对劳动及劳动的价值缺乏系统性的认知。劳动作为大自然赐予人类的"生命活动",蕴含着丰富的育人价值。劳动实践不仅可以锻炼大学生的毅力、耐力、自信心,而且可以增强大学生的团

队意识、合作意识、大局意识，强健体魄、强化劳动意识。劳动实践的过程就是大学生体验劳动价值的过程，大学生正值劳动价值体系搭建的重要时期，强化大学生劳动价值认同，懂得没有劳动就没有未来的道理，是劳动教育必不可少的环节。此外，增强大学生的劳动意识也是高校劳动教育的重要任务之一。

《意见》指出：学生要有劳动自立意识、诚实劳动意识和公共服务意识。劳动意识作为一种活动反映，指的是劳动主体通过改变劳动对象使社会和自身的需求得以满足，其中包含了劳动主体的价值选择和价值判断，其本质是一种价值意识。大学生劳动意识的强弱，直接影响着其价值判断和价值选择，因此，增强大学生的劳动意识是高校劳动教育的必要之举。自强先自立，培养大学生有担当、服务自我的劳动自立意识是增强劳动意识的基础。培养大学生的诚实劳动意识是增强劳动意识的重点，生命里的辉煌只能由诚实劳动铸就，"两个一百年"奋斗目标归根结底要靠诚实劳动、辛勤劳动、创造性劳动实现。培养大学生的公共服务意识是增强劳动意识的最终目标，让大学生在面对突如其来的灾害等危机时能做出正确的价值判断和价值选择，尽己所能，有奉献、有作为。

（三）现实目标：提升大学生的劳动知识水平，夯实劳动基础

千秋基业，人才为本。劳动教育作为树德、增智、健体、育美德的社会活动，内在目的是培养品格健全、身心全面发展的人，外在目的是培养能服务自我、服务他人、服务社会的人。劳动教育的内在生命力在劳动中体现为劳动者向往的自由与发展，劳动绝不仅仅是谋生的手段，而是能促进人自由全面发展的活动。

提升大学生的劳动知识水平归根结底就是要提高大学生的科学知识水

平和学术视野，要成就中华民族的宏图伟业，就必须拥有知识水平过硬、创新能力十足的大学生。在劳动教育过程中，一方面，要改进劳动教育方式，遵循大学生成长成才的教育规律，强化实践教育，争取让大学生在实践的过程中开阔新视野、增添新体验、迸发新想法、创造新事物；另一方面，培养术有专攻的大学生是建设创新型国家的重要基础，在具备开阔的学术视野和足够的科学知识水平的基础上，大学生应当在特定领域增加专业知识储备和技能，同时拥有基础的创造能力和潜在的创新能力，夯实劳动基础，提升劳动技能，成为有想法、敢实践、有本领的大学生。

二、高校劳动教育的内在特征

劳动教育是大学生成长教育过程中不可或缺的部分，对促进学生全面发展、发掘新教育模式、推动社会进步具有重要意义。《意见》结合时代需求，从大学生的生活实际出发，坚持问题导向，突出价值引领，从学生生活实际出发，准确分析和把握高校劳动教育的重点和难点，积极探索具有中国特色的劳动教育模式，力求创新劳动教育体制机制，注重理论与实践相结合，主张"知行合一"，做到了"因事而化、因时而进、因势而新"，体现了高校劳动教育的创新性、时代性、实践性等内在特征。在新的时代背景下，社会的劳动形态发生了深刻变化，劳动教育呈现出新的特点，准确把握高校劳动教育的内在特征，有利于提高劳动教育的实效。

（一）实践性：因事而化，增强劳动教育的现实性

实践是人类分析内部世界和把握外部世界的总线索，也是劳动教育的基本逻辑和最终归宿，实践是高校劳动教育的基本特征。高校劳动教育的

本质是在劳动中立德树人，通过劳动教育提升大学生的劳动素养和实践能力，培养大学生树立正确的劳动价值观，赋予劳动教育内在的生命力，为培养有本领的时代新人打下坚实基础。

《意见》明确指出，劳动教育必须遵循教育规律，以体力劳动为主，强化实践体验，实现知行合一，从而提升育人实效。因事而化，是指将一定的目标融入具体事物或具体实践中，凭借相应的事情、事务使人或者事的性质或者形态发生改变。高校劳动教育的"因事而化"是指将劳动教育的育人目标融入具体实践中，针对特定的教育对象实施教学活动，使教育对象的思想和行为发生符合社会需要的改变。以事为据实施教育活动，必须强调"事"的目的性。只有"事"与劳动教育目标相关联，才能发挥"事"本身的作用。高校劳动教育的总体目标是让大学生具备满足生存发展的基本劳动能力，形成良好的劳动习惯，让大学生从劳动教育的"事"中增强诚实劳动意识，在亲历劳动过程中培养科学精神，提高劳动创造能力。

（二）时代性：因时而进，紧跟时代步伐

时代变化推动理论创新，高校劳动教育的重点、难点、特点紧随时代的变化而变化，时代性是高校劳动教育的首要特征。《意见》结合教育的实际情况，全面构建体现时代特征的高校劳动教育体系，蕴含着深厚的时代价值，其时代性体现在以下三个方面。

第一，大学生所处的时代是崭新的时代，他们所处的时代是充满人生机遇和施展个人才华的重要时期，他们是社会力量中极具有生机和活力的。当前，劳动教育的重点是在系统学习科学文化知识以外的时间，组织学生参加日常生活劳动、社会生产劳动以及社会服务性劳动，养成学生良好的劳动品质。第二，满足时代需求。随着社会主义经济建设的发展以及各族

人民生活水平的提高，高校劳动教育的难点日渐突出，在大学生群体中出现不懂劳动、不想劳动、不会劳动的现象，究其根本是，个别学生劳动意识薄弱、劳动能力不足、劳动水平低下。针对这一教育难点，通过有目的、有计划地组织学生参加劳动实践，扭转大学生对劳动的错误看法，以培养能满足发展需求的大学生。第三，突出时代特色。《意见》将"劳育"纳入培养人才的全过程，通过劳动教育培养创新型、知识型、复合型人才，突出以创新求发展、以劳动求进步、以创新求引领的时代特色。

（三）创新性：因势而新，体现新立场、新内容、新功能

高校劳动教育之"新"体现在新立场、新内容、新功能等三个方面，创新性是高校劳动教育的重要特征。首先，高校劳动教育的立场新。立场是人们思考问题和处理问题时所处的地位和所持有的态度，立场的变化在很大程度上会影响人们对同一事物的判断。其次，高校劳动教育的内容新。党和国家高度重视劳动与教育的关系，在中华人民共和国成立初期，为满足生产需要，劳动教育的重点内容是让教育与生产劳动相结合。但是随着的发展与社会主义建设的新要求，劳动教育的内容必然紧跟时代步伐，适应时代发展所需，其教育重点已转向改善大学生的劳动精神面貌、明确大学生的劳动价值取向、提升大学生的劳动技能水平。最后，高校劳动教育的新功能。高校劳动教育的内在功能体现为以劳树德、以劳育人、以劳增"值"，劳动之于大学生而言，是实现自我价值和获得幸福感、价值感、存在感的根本途径。高校劳动教育的外在功能体现在创新劳动教育体制机制，积极探索具有本国特色的劳动教育模式，创新性发挥劳动育人的独特价值。

三、高校劳动教育的育人导向

劳动是培养身心健康、发展全面的大学生的最佳途径。改革开放 40 多年来，高速发展的经济为国民带来了充裕的物质财富，智能化信息时代为大学生的生活提供了极大便利，但这一切也潜移默化地改变着部分大学生的劳动意识和劳动观念，给劳动教育带来了新的挑战。面对新形势、新情况，高校应当明确高校劳动教育的育人导向是培养懂劳动、想劳动、爱劳动、会劳动的大学生，让他们具备担当民族复兴大任的能力、有肩负国家和民族未来的实力、有为国家不懈奋斗的耐力。

（一）思想劳动：落实劳动教育课程安排，培养大学生劳动自信

勤奋成就梦想，劳动铸就自信。中华民族自古以来就是善于劳动、勤于劳动的民族，历代中华儿女通过辛勤劳动拥有了今日的成就，通过劳动创造了民族辉煌，这与他们自身的劳动自信、劳动态度和劳动品质有着紧密联系。态度是个体对特定对象所持的稳定的心理倾向。劳动态度是指大学生对劳动所持有的心理倾向，拥有良好的劳动态度是激发大学生劳动需求的内在动力。劳动的过程是学生不断增强主体意识的过程，也是培养主体态度的过程。在实践中，高校要不断鼓励学生用新角度思考问题，用新方法分析问题，用新技能解决问题，并在此过程中持续培养学生坚定的劳动自信、"想劳动"的积极态度和勤奋担当的劳动品质。

大学生肩负着祖国的现在和未来，培养大学生的劳动自信。帮助大学生理解劳动的本质、劳动的作用、劳动的价值，理解劳动观的核心内涵和价值意蕴。劳动教育是一门科学，讲劳动必须先懂劳动。劳动教育并不是

单纯让学生进行体力劳动或是社会生产活动，而是在教育中有劳动，在劳动中有教育。高校应加强劳动教育师资培养，提高教师劳动教育的专业化水平，按学生比例配备专任教师，积极落实推进劳动教育目标。学校承担着劳动教育的主体责任，开足开齐劳动教育课程，打造生动化、多样性的劳动教育课程是形成针对性劳动教育课程体系的前提。

（二）爱劳动：弘扬劳动精神，注重劳动实践教育

作为劳动的精神产物，劳动精神蕴含着丰富的价值内涵，在理论方面继承和发展了劳动价值观，在实践方面诠释了社会主义核心价值观，在内容方面传承了中华民族传统的优秀劳动观念。离开劳动，不可能有真正的教育，培养大学生的劳动精神是实现大学生全面发展的基础。培养大学生的劳动精神，首先，要加强宣传引导，推广先进典型。充分利用宣传栏以及张贴海报等形式宣传推广先进事迹，重点挖掘典型人物及先进事迹，弘扬劳动最伟大的主旋律，使大学生的劳动观念在日常学习中受到感染和影响。其次，要通过评先进等方式增加大学生的劳动激情，例如通过评选劳动模范宿舍、劳动模范班级、劳动模范个人等方式认可大学生的劳动成果及劳动成绩，让其了解在劳动过程中创造的自我价值和社会价值，让大学生树立劳动最光荣的观念。

劳动精神是在劳动实践中培养出来的，组织好劳动教育实践周活动也是培养大学生劳动精神的重要环节。例如组织大学生到当地的敬老院、福利院等机构做志愿者；到当地较为偏僻的乡村支教；开展"美丽校园"活动，分区域并适当安排学生进行打扫清洁，维护校园整洁。由外向内推动学生积极参加社会实践活动，使大学生自觉树立劳动意识。

（三）会劳动：掌握扎实的劳动知识基础，练就过硬的劳动技能

《意见》在劳动教育的新要求中以"注重教育实效，实现知行合一"为落脚点，明确了高校劳动教育的现实目标是培养"会劳动"的大学生。首先，大学生必须掌握广泛的新知识。学校要培养学生的全球化理念、命运共同体思维、互联网思维，适应科技发展和产业变革，开设人工智能与数字化数据处理等课程，拓宽学生的知识面，提升大学生获取知识、辨别知识的能力，培养知识面广、专业强、技术精的知识型、技术型复合型人才。其次，增强大学生创新创造的劳动意识。创新创造是引领发展的第一动力，高校应该通过劳动实践激发学生的创新思维，引导大学生结合实践思考问题，直面问题与挑战，要学会在劳动、交流、思考中锻炼创新思维，涵养创新意识，运用新知识、新方法、新技术解决问题。再次，学校要根据各二级学院的特点举办劳动技能大赛，如教师技能大赛、英语口语大赛、物理实验竞赛等，把学生从学习客体变为学习主体，在各类竞赛中累积经验、提升能力、开阔眼界。最后，有条件的高校可以开设劳模工作室，聘请有知识、有经验、有实力的专业人士指导学生实践。发展校企合作，充分运用已有资源，大力拓展教育教学实践场所，逐步配齐实训基地，为学生提供可信、可靠、安全的实践平台，结合学科和专业开展实习实训，满足学生多样化的劳动实践需求，是大学生练就过硬本领的基础。

第七章 劳动教育与创新教育
有机融合

马克思在《关于费尔巴哈的提纲》中说："全部社会生活在本质上是实践的。"又说，"环境的改变和人的活动或自我改变的一致，只能被看作并合理地理解为革命的实践"。人类社会中的劳动技术、劳动方法、劳动工具的进步都是通过创新实践完成的。教师在劳动教育中融入创新理念，结合理解技术系统做好劳动教育，才有可能实现劳动教育与创新教育的有机融合。

第一节 在劳动教育中融入创新理念

在劳动教育中融入创新理念，一方面，要正确理解创造创新与劳动教育的关系，另一方面，结合劳动教育搭建创造创新教育的基本框架。

一、正确理解创造创新与劳动的关系

引发劳动技术、劳动方法、劳动工具的进步成果，源于人类创新性的精神生产实践。在近代之前，精神生产实践一直处于滞后状态，创新性的因素一般都是在生产实践和交往实践中自发地产生的，精神生产实践。尤其是科学，基本上是对生产实践和交往实践经验的总结。精神生产实践与物质生产、交往相分离，科学没有取得独立的地位，采取自然哲学、政治哲学的方式存在。在这段漫长的人与人相互依赖的社会中，生产力的发展

是缓慢的，人和人的交往方式没有太大的变化，知识的更新也很缓慢，常规实践是主流，创新实践的频率非常低。近代和近代之后，科学取得了独立地位，自然科学纷纷从哲学中分离出来，各种社会科学也在之后独立并发展起来，甚至哲学本身也开始落入凡尘。比如马克思就提出："哲学家们只是用不同的方式解释世界，问题在于改变世界。"这时候科学不再是黄昏起飞的猫头鹰，而是时代的先锋。科学不再仅仅是生产和交往实践的经验总结，而是具有了自己独立的、理论化的知识体系。科学开始反哺生产和交往，成为生产中重要的或者最为重要的因素，它首先应用于工艺和产品，然后应用于劳动过程和劳动组织。这时候的创新不断涌现，机器不仅很大程度上代替人的体力劳动，而且开始代替人的脑力劳动。生产力迅猛发展，人开始了世界性的交往，人们的精神生活丰富起来，人的自由得到了发展。创新实践超越常规实践成为人类实践的主流。

（一）精神生产实践

精神生产实践，是人类最高层次的实践，居于在创新实践中处于核心地位，正如专家指出的："精神生产的过程，从一定意义上讲是人从已知领域向未知领域探索的过程。因此探索性、创新性、风险性是精神生产的本质特征。物质生产的过程，是按照确定的程序、确定的目标进行的，同时，物质产品都有一定的质量和规格，只有按照精确的'复制'才不会出次品。"精神生产活动属于高级的精神活动。从历时态角度，它是人类社会发展到物质劳动和精神劳动分离这种真正的分工出现后的产物。"从这时候起，意识才能摆脱世界而去构造'纯粹的'理论、神学、哲学、道德等。"由于人类历史长期处于生产力发展水平较低的状态，精神生产实践经历漫长的发展过程之后，才取得了独立地位。马克思曾说："自然界没有制造出任何的机器，没有制造出机车、铁路、电报、走锭精纺机等。它们是人类劳动的产物，是变成了人类意识驾取自然的器官或人类在自然界活动的器官的自然物质。它们是人类的手创造出来的人类头脑的器官；是物化的知识力量。固定资本表明，一般社会知识，已经在多大程度上变成了直接生产力，从而社会生活过程的条件本身在多么大的程度上受到一般智力的控制并按照这种智力得到改造。它表明，社会生产力已经在多大程度上，不仅以知识的形式，而且作为社会实践的直接器官，作为实际生活过程的直接器官被生产出来。他还预言说："资本的趋势是赋予生产以科学的性质，而直接劳动则贬为只是生产过程的一个因素。""现实财富的创造较少地取决于在劳动时间内所运用的动因的力量……相反的却取决于一般的科学水平和技术进步，或者说取决于科学在生产上的应用。"

所以，精神生产不断成熟，自然科学、社会科学和哲学的独立化或科学化实际上经历了几千年的历史。

"科学活动既是一种精神生活现象，又是一种物质实践活动。作为一种精神生活现象，科学活动是知识的生产，它同物质生产有相似的结构。科学知识的生产的要素为：科学劳动者、科学劳动对象、科学劳动工具（仪器设备、图书报刊等）。科学劳动者处于社会总的关系中，又在科学活动中以一定的方式结合起来。科学劳动是社会总劳动的特殊部分。知识生产不同于物质生产，突出的特点是它的创造性。科学劳动的特点是自由劳动。科学的任务是正确说明和解释现实世界的过程和现象，探究其运动规律，揭示客观真理，进而对事物的发展做出正确预见，指导人们的实践活动。科学的最终目的，是在对世界的正确认识的指导下能动地改造世界，使人类在自然界的关系中和在社会关系中活动自由。"

（二）人类生产力发展阶段

回顾历史不难发现，人类生产力经历了三个发展阶段：手工生产力、机器生产力和智能生产力（信息生产力或精神生产力）。在手工生产力阶段，人类的生产能力低下，主要依靠的是人自身的体力和灵巧。经济发展主要取决于对劳动力资源的占有和配置。古代许多战争的目的就是掠夺劳动人口，西方贩卖奴隶的活动一直持续到19世纪末。机器生产力阶段，由于蒸汽机和电力的发明和发现，机器在很大程度上取代了人的体力劳动，生产力急速膨胀，经济发展的决定力量在于对自然资源的占有和配置。第一、第二次世界大战的根源就在于资源在强大的人类生产力面前开始变得稀缺，各国为争夺资源而展开了战争。智能生产力阶段，其实是机器生产力更高层次的发展。虽然机器仍然是人类生产力的主要载体，但是此时的机器科学技术含量明显地增高，电子信息技术、材料科学、生命科学和航空航天技术等渗透其中，机器进一步取代人的劳动，不仅更大程度上取代了人的体力劳动，而且部分地取代了人的脑力劳动，生产力的特点是自动化和智能化，因此我们可以暂且把这个时代的生产力叫作智能生产力。因此，我们可以说，在采集渔猎社会和农业社会，生产力处于手工生产力阶段，社会的发展主要依靠劳动力资源；工业社会对应的是机器生产力，主要依靠自然资源；知识社会的生产力是自动化和智能化的生产力，主要依靠知识资源。

机器进一步取代人的劳动，不仅更大程度地取代了人的体力劳动，而且部分取代了人的脑力劳动，生产力的特点是自动化和智能化，因此我们可以暂且把这个时代的生产力叫作智能生产力。在智能生产力阶段，知识资源取代自然资源，成为第一位的经济因素。因此，上述改变使当代生产力的构成除了实体性的因素——劳动力、劳动资料和劳动对象——以外，更渗透了科学技术、教育、信息和管理等因素，它们通过实体性因素在生产中发挥作用，而且在生产中的地位越来越突出。也就是说，与以往的经济形态相比，知识资源取代劳动力和自然资源，成为经济中重要因素。知识、科学是人类精神生产的产物，它本身就具有探索性、突破性的特点。人们不断追求未知领域，从而取得创造性的认识成果，并把它们应用到物质生产和交往领域。所以创新实践是知识经济的应有之意，知识经济离不开创新实践。马克思就曾说："现实财富的创造较少地取决于在劳动时间内所运用的动因的力量……相反却取决于一般的科学水平和技术进步，或者说取决于科学在生产上的应用。""自然界没有制造出任何的机器，没有制造出机车、铁路、电报、走锭精纺机等。它们是人类劳动的产物，是变成了人类意识驾驭自然的器官或人类在自然界活动的器官的自然物质。它们是人类的手创造出来的人类头脑的器官；是物化的知识力量。固定资本表明，一般社会知识，已经在多么大的程度上变成了直接的生产力，从而社会生活过程的条件本身在多么大的程度上受到一般智力的控制并按照这种智力得到改造。它表明，社会生产力已经在多么大的程度上，不仅以知识的形式，而且作为社会实践的直接器官，作为实际生活过程的直接器官被生产出来。"

从劳动力资源，到自然资源，再到知识资源，人类生产力的发展越来越依靠创新实践。当代人的生产力不是劳动密集型的生产力，也不是对自然资源的无限占有，它需要更多的科学技术成果，更多更优秀的知识型人才，更流畅的生产信息，更加合理的管理，这一切都依赖创新实践的力量。

马克思"普照的光"的理论认为：在一切社会形式中都有一种一定的生产决定其他一切生产的地位和影响，因而它的关系决定其他一切关系的地位和影响。这是一种普照的光，它掩盖了一切其他色彩，改变着它们的特点。这是一种特殊的以太，它决定着里面显露出来的一切存在的比重。

手工劳动力阶段，社会的发展主要依靠劳动力资源；机器生产力阶段，主要依靠自然资源；智能生产力阶段，则主要依靠知识资源。当代人通常把这种以知识的生产、应用和创新为基础的经济叫作知识经济。

（三）创新实践与劳动教育的关系

随着知识经济和全球化，创新成为当代实践最大、最基本的特点，创新实践地位的突显本身就标志着人的发展阶段。而创新实践与劳动的关系主要表现为如下几个方面。

首先，创新实践导致劳动产品丰富，改变可以为人的发展提供强大的物质基础，解决人类发展中由于物资短缺而带来的问题。

其次，创新实践提高了劳动生产率，缩短了必要劳动时间，为生产者赢得了更多自由时间。

再次，创新实践改变了人类的生产方式，一方面是小批量、多品种和高效率的生产方式，代替了原来大批量、单一产品，但同样也是很高效率的生产方式，另一方面是原来集中化的生产被分散化生产取代，职工可以通过网络在家里或者小办公室里分散工作，这样就使人的生产、生活更加个性化，人有了更多的自由空间。

最后，创新实践需要更多的知识性因素，因此劳动力结构也发生了变化，白领员工的比例具有绝对优势，这样就把工人从在资本主义生产中的"肢体"地位中解救出来，工人也是生产的头脑。

在人类经历了劳动力经济、资源经济，进入知识经济时代之后，人类实践的创造性更加突出，创新实践必将成为当代，乃至未来人类的实践方式。在当代，人类的知识创新，很快地转变为科学技术的创新，这必然带来生产力的极大提高和物质的极大丰富；人类交往实践的普遍化，在制度创新实践的规范下，健康有序进行；人在实践中，逐渐消除脑力劳动和体力劳动的区别，劳动不再是谋生的手段，人们可以自由发挥自己的天性和兴趣，自由而全面地发展。

不仅如此，教师在开展劳动教育过程中，不能忽视精神生产是社会化大生产的一部分。马克思在《1861—1863年经济学手稿》中曾说：什么是非生产劳动，因此也绝对地确定下来了。那就是不同资本交换，而直接同收入即工资或利润交换的劳动（当然也包括同那些靠资本家的利润存在的不同项目，如利息和地租交换的劳动）。凡是在劳动一部分还是自己支付自己（例如徭役农民的农业劳动），一部分直接同收入交换（例如亚洲城市中的制造业劳动）的地方，不存在资产阶级政治经济学意义上的资本和雇佣劳动。因此，这些定义不是从劳动的物质规定性（不是从劳动产品的性质，不是从劳动作为具体劳动所固有的特性）得出来的，而是从一定的社会形式，从这个劳动借以实现的社会生产关系得出来的。一种劳动是生产性劳动还是非生产性劳动，不以这种劳动是物质生产劳动还是精神生产劳动为标准。在资本主义制度下，只要是从属于资本主义的生产关系，即"资本交换"的关系，并为资本家创造了剩余价值，无论是物质生产还是精神生产，都是社会大生产的一部分；而在"收入交换"关系下的精神生产和物质生产都是非生产性劳动。

马克思说："这种为了价值和剩余价值而进行的生产，像已经指出的那样，包含着一种不断发生作用的趋势，要把生产商品所必需的劳动时间，也就是把商品的价值，缩减到当时的社会平均水平以下。力求将成本价格缩减到它的最低限度的努力，成了提高劳动社会生产力的最有力的杠杆，不过在这里，劳动社会生产力的提高只是表现为资本生产力的不断提高。"马克思又在《1857—1858年经济学手稿》中指出："资本的趋势是赋予生产以科学的性质，而直接劳动则贬为只是生产过程的一个因素。""现实财富的创造较少地取决于在劳动时间内所运用的动因的力量……相反的却取决于一般科学水平和技术进步，或者说取决于科学在生产上的应用。"

（四）创新实践的特点

在正确认识了阶级社会创新与劳动的关系之后，还需要充分理解如下理念。

首先，人类最早的创新实践虽然具有偶然性特点，却都源于解决人的基本生存相关问题的劳动实践。韩非子《五蠹》中说："上古之世，人民少而禽兽众，人民不胜禽兽虫蛇。有圣人作，构木为巢以避群害，而民说之，使王天下，号之曰有巢氏。民食果蓏蚌蛤，腥臊恶臭而伤害腹胃，民多疾病。有圣人作，钻燧取火以化腥臊，而民说之，使王天下，号之曰燧人氏。"房子和火，都是为了解决人的基本生存问题而出现的人类发明和发现。

其次，创新在人力发展历程中作用明显显现的重要节点是劳动。当人类进入文明时代，出现了物质劳动和精神劳动这种真正的分工的时候，人们的创新实践才真正进入一个新的阶段，意识开始摆脱世界去构造理论，人的实践活动中有了知识性因素的参与。知识创新实践只是对人的生产实践和交往实践经验的总结，技术创新实践和制度创新实践只是人们对经验知识的直接应用，而且脑力劳动和体力劳动相互分离，人们很少自觉把知识成果和生产联系起来，在生产中更多的是生产和技术的直接相互作用，在交往中也更多的是交往和制度的互动。

再次，任何创新实践都有人的体力和脑力劳动的参与。在生产实践领域，古代工具只是人类体力的有限延伸，它对人类劳动的代替是有限的，无论是石材工具，还是金属工具，新工具的制作和使用，主要依靠的都是人们的手工劳动，人的体力在劳动中是主导性因素，工具是辅助性因素；在精神生产领域情形也是相同的，它虽然是一种脑力劳动，但是人类的知识创新实践只是对人类体力劳动经验的总结，由于没有有力的技术手段，脑力劳动在大量重复性的浩繁工作中也带有了体力劳动的色彩；交往实践也是围绕着人的体力劳动的人与人的交往，人被束缚在体力劳动所决定的相互依赖的关系中，制度创新实践仅仅是对这种依附关系的维护。创新实践则包含了更多的知识性、智力性因素。机器代替工具成为人类生产力的标志。机器和机器体系包含越来越多的知识性的因素，它不仅延伸了人的身体，而且延伸了人的大脑。在创新实践中，人们从体力劳动和重复性的烦琐脑力劳动中解放出来，专心于创造性的脑力劳动，因此极大地提高了创新实践的效率，技术的高科技化、知识的系统化和理论化、制度的体系化和完善化，是创新实践的成果。

最后，就与劳动密切相关的创新实践周期而言，创新实践表现为渐进性和革命性。古代创新实践的周期比较长，或者说频率比较低，很长时间才会有一项发明或发现，重大的发明和发现周期就更长，比如从弓箭发明到陶器发明，经历了整个漫长的蒙昧时代的高级阶段。在整个古代社会，虽然也有石器到铜器，再到铁器的生产力飞跃，也有火这样重大的发现，烧陶、冶铁、造船这样重大的发明，甚至在中国还出现了造纸术、印刷术、指南针和火药这四大发明，它们一定程度上提高了生产力，扩大了人类实践的活动范围和人类经验知识的积累，但是没有带来科学技术的革命。从近代到现代，仅仅三百多年里，就发生了三次科技革命，从蒸汽机到发电机，再到以计算机为核心的现代高技术群，平均一百年左右生产力就发生一次根本性的变革。在当代，科学技术的革命还在继续。

二、劳动教育中融合创造创新内容的对策

创造，是人类语言中最有魅力的词汇。

创造是人类美好的行为，是推动人类文明历史向前的最重要、最高尚的行为。

人类社会的文明史，就是一部创造发明史。席卷全球的技术、经济竞争，与其说是人才竞争，不如说是人才创造力的竞争。我国在这场竞争中的最大优势，在于拥有世界上数量最大的人力资源，如果全民族创造力得以开发，中华民族必将永远立于不败之地。在许多人的印象中，创造是那些在人类历史上留下浓墨重彩的伟大人物的事情。事实上，对于普通人来说，创造不仅是可能而且是十分重要的。掌握创造创新知识，是现代社会对每一个人的要求，对于在校大学生更是必不可少的教学内容。

教师在劳动教育中融合创造创新内容，需要解决两方面问题。

一方面，要针对传统观念中关于创造认识进行分析，形成正确的教育观念。

在传统的观点中有一种观点认为：创造是一种天赋，无法教授。

这种观点的最大作用就是可以使人认为创造力开发是没有意义的。然而，中外的种种成功的例子证明了这种观点的局限性。

但是，这种观点的支持者仍然会从一些在人类历史上做出卓越贡献的创造型天才，尤其是那些在自己擅长领域中作用突出的成功者的例子中找到佐证。

莫扎特、爱因斯坦或米开朗基罗都成为他们的好例子，但这进而说明对人类历史产生重大影响的天才们是没法制造的。

数学能力、艺术表达能力乃至运动天赋都有各种有用的级别，即使在缺少天才的时候也是如此。

就像一组人参加百米比赛，发令枪响后，比赛开始，必然有的人跑得快，有的人跑得慢。他们在比赛中的表现依赖天生的奔跑能力以及平时的努力训练。现在，假设有人发明了"自行车"，并让所有赛跑者进行训练，比赛改为"自行车"比赛。那么，每个人都会比以前运动得更快。但是，有的人仍然跑得快，有的人仍然跑得慢。

如果我们不为提高人类的创造力做任何努力，显然个体的创造能力只能依靠天赋。但如果我们为被训练者提供有效和系统的训练方法，我们就可以提高创新能力。有的人仍然比其他人好，但每个人都可以学会创造技能，提高自己创造性解决问题的能力。"天赋"和"训练"之间根本不存在矛盾。每位教练员或教师都会强调这一点。

事实上，学习创造学理论与方法和学习其他知识之间没有什么区别。一方面，教学可以将人们培训成有创造能力的人，另一方面，受教育者已有的天赋可以通过训练来提高。

因此，可以认为"创造无法学会"的观点现在已经站不住脚了。创造力具有"可教性"和"不可教性"。天赋是无法训练的，但训练可以激发潜能。

也许创造教育工作者不可能训练出天才，但是有很多有用的创造并不是天才的功劳，要提高全民的能力，创造教育工作必不可少。

在马克思主义哲学中，实践是人的生存方式。实践活动是创新性与常规性的统一，从实践的内容与形式、目的与手段、过程与结果等方面看，与原有实践具有同质性和重复性的是常规性实践，而具有异质性和突破性的就是创造性实践。

人类的创造创新活动是人类活动中的典型形式，既然如此，创造创新活动属于实践范畴，而实践活动是认识的基础，也就是可以学习的。这就为前述的案例找到了理论依据，也帮助学生理解马克思主义哲学原理的价值。

两种不同性质的实践恰好代表着过去和将来，他们以现在为契合点，一个执着未来，一个坚守历史，构成人类生存的张力。

在传统的观点中另一种观点认为，创造来自传统观点格格不入的思想。

有许多创造是在打破旧有观点、观念基础上实现的，有的人就会产生上述观点，觉得有创造性贡献的人必然拥有与传统观点有差异的观点，但是，没有前人的积累，有创造价值的观点又从哪里来呢？难道是从天上掉下来的吗？

没有旧有的事物作基础，任何新事物都无法产生，创造本身就是一个辩证否定的过程。批判地继承绝不等于全面打倒，与传统观点差异更不等同于与传统观点格格不入。

创造创新活动主要表现为实践活动本身的创造性和进取性，正如马克思在《德意志意识形态》中所说："已经得到满足的第一个需要本身、满足需要的活动和已经获得的为满足需要而用的工具又引起新的需要。"人类不断以前人的实践成果为基础进行创造创新活动，这是人类科学技术发展的规律，也是人类进步的必由之路。

还有一种观点认为，有创造力的人往往在右脑／左脑的使用习惯和开发上有一种明显的倾向。于是，就产生了左脑或右脑主动性的观点。

这种观点进而认为，惯用右手的人的左脑是大脑中"受过教育的"部分，识别和处理语言、信号，按我们已知的事物应该存在的方式来看待事物。右脑是未受教育的"无知"的部分，因此，在与绘画、音乐之类有关的事中，右脑单纯无知地看待事物。你可以画出事物本来的、真实的面目，而不是按你臆想的来画。右脑可以允许你有更完整的视图，而不是一点一点地构造事物。于是，在提到创造性思维时，这种观点认为，创造只发生在右脑，为了具有创造性，我们所需要做的就是停止左脑思考，开始使用右脑。

事实上，所有这些事都有其价值，但当我们涉及关于改变概念和认知的创造时，我们别无选择，只能使用左脑，因为这是概念和认知形成和存放的地方。通过PET（Positive Emission Tomography，正电子发射断层成像）扫描，有可能看出在任何给定的时刻，大脑的哪一部分在工作。在胶片上捕获的放射线的闪光表明了大脑的活动。可以很清楚地看到，当一个人在进行创造性的思考时，左右脑会同时处于兴奋状态，这正是人们所期望的。

马克思主义哲学认为，世界是普遍联系的，如果割裂事物之间的联系对于世界的认识就是不全面的，综合考察所有认识对象才能全面认识事物本质。左右脑开发就体现出这种思想。

另一方面，教师要结合劳动教育目标，形成创造创新知识的教育体系，要完成这一目标需要关注的内容很多，如果详细介绍教师需要掌握的创造创新能力需要大量篇幅。本书将对上述内容进行简单、概括性介绍。

首先，要理解创造、创新的概念和创造的层次。

创新的英文为"innovation"，起源于拉丁语"innovare"，译义为"更新、变革、制造新事物"。1912年，经济学家熊彼特在其《经济发展理论》一书中首次提出创新概念，其定义是"生产要素的重新组合"，其宗旨是在经济领域中新技术、新发明在生产中的首次应用或科学研究成果的第一次商业化，其具体形式包括：引进一种新产品，开辟一个新市场，取得某种原材料的新来源，采用一种新的生产方法、新工艺，引进新的企业管理形式。近一个世纪以来，由于"创新"活动的扩展和巨大作用，人们又把创新引申到其他相关领域，提出了制度创新、管理创新、知识创新等概念。

"创造"活动的根本特性在于其新颖性，不新就不是首创，也就失去了创造的意义。"创造"的目的在于满足社会的需求，否则也就失去了创造的社会价值。尽管"创新"概念首次出现在经济领域，但其宗旨确是创造成果的延续和应用；是经济生产中的直接"创造"。因此，在创造过程中，创造与创新具有等同的意义和本质特征。

从上述概念中不难看出创意、发现、发明、创新与创造存在着层次性，是包容与被包容的关系。创意是感性思维中突发的灵感和顿悟，必须经过严格的检验或实施才能产生新颖的成果，通常表现为创造活动的起点或前奏。发现是以客观存在为前提的，经过探索研究产生创造性成果，是受客观条件或自然规律局限的创造活动。"发明"创造是以已发现的客观规律与事物为基础，以社会生产、生活所需的事物为目标，并以"全新"作为检验创造成果的标准，因而相对于革新，局部创造仍然有其局限性。至于创新乃是将科学技术"创造"或科学发现所获得的规律性的知识应用于生产实践以创造出直接满足现实需要的新事物，从创造领域说，创新有技术创新和管理创新。从创造新颖性上，创新既可以是世界性的创造，也可以是地域性或部门性的创造；既可以是整体创造，也可以是局部创造；其突出的特点是创造成果的产业化、社会化过程。

美国创造心理学家泰勒提出的"创造五层次"的观点，同时也是依照产品性质和形态的一种分类方法，对创造实践活动具有全面的指导意义。其具体分类如下。

第一层次，表露式的（expressiveness）创造。其含义是指创造即兴而发，但却具有某种创意的行为表现，如即兴表演，有感而发等。

第二层次，技术性的（technical）创造。其含义是指运用一定科学理论、原理和思维技巧，针对解决某些实际问题而进行的创造。技术创造的实质过程是创造主体通过知识、技能、工具的作用，改变客体的性质与形态的实践过程，如物质功能单元的重新组合、原有物质形态的改变，建立新结构，从而获得新的物质成果的创造，如多功能洗衣机、新造型汽车、后置发动机汽车等都属此类创造。

第三层次，发明式的（inventive）创造。其含义是指在已有事物的基础上，产生出与以往有过的事物全然不同的新事物的创造。所谓原有事物的基础，可能是提供理论基础、原理基础、材料基础，而非同一性质的事物，如作为第一个发明出现的收音机、电视机、计算机等。发明性创造与技术性创造的区别在于，发明式创造生产出的产品的性质或功能是全新的，而技术性创造仅仅是对已有产品的结构性或功能范围等进行了技术性改进或创造结果。

第四层次，革新式的（innovative）创造。其含义是指，不仅在旧事物基础上产生新事物，而且是在否定旧事物或旧观念的前提下，造出新事物或提出新观念的创造，如以数控机床代替普通机床。革新式创造与发明式创造区别是创造主体在熟谙旧事物、旧观念的基础上，对"未知"进行深入探索，产生出与原有知识体系完全不同的新事物、新观念，如用无性繁殖（克隆），打破了有性生殖的旧观念来繁殖动物。需要说明的是，这里所讲的革新或创造的内涵，与过去国内"技术革新"式的创造是有本质区别的。

第五层次，突现式的（emergentive）创造。其含义是指创造与原有事物无直接联系，突然产生出新观念的"从无到有"的创造，这也是泰勒使用了emergentive（深奥的）一词的原因。一些重大科学发现等就属于此类创造。实现式创造与革新式创造的根本区别在于，它并不完全是变革式改造旧事物、旧观念的结果，而是以一种全新的观念和全新的认识，揭示或发现前人根本无知的新事物或新规律，如DNA双螺旋结构的发现即属此类。

其次，教师需要了解系统观思维。

20世纪初发生的物理学革命，以及20世纪中叶风靡全球的系统科学潮流，从整体上导致了机械论的衰落和系统观的兴起。这是当代最重要的变化之一。

现代科学思维方式是以系统观为主导的。那些以分析特定类型的系统为己任的新兴学科和分支得到异常的快速发展，在许多科学领域都涌现出这类研究方向，并成为当代科学发展的前沿，浏览一下各个科学领域，就会得到极为深刻的印象：系统科学已成为主导科学，系统观也已成为主导的思维方式。统观微观和宇观各领域的研究，就会发现：生物学早就试图把自己研究的客体看作系统；生命系统，被定义为自组织系统。作为自然科学的基础学科一物理学，也把自己置身系统运动之内；随着物理研究从孤立系统到开放系统，从平衡态到非平衡态，从线性系统到非线性系统的发展，出现了耗散结构理论和协同学等物理学前沿学科，这些新兴学科不仅突破了传统物理学领域，而且本身就是一种研究一般复杂系统的系统理论。在数学中，突变理论的核心思想是有关系统的结构稳定性问题，突变理论对质变方式的研究是系统控制论的延伸。在心理学中，系统思维方式也较早得以广泛采用，受格式塔心理学所讲的"完形"的心理系统的转换，理论的启发，美国著名科学哲学家库恩提出在科学发展中规范的范式作用的模式。美国科学家奎因提出的"整体性科学观"，也与此有关。著名瑞士心理学家皮亚杰的"发生认识论"，阐述的也是有关智力在不断建构过程中系统发展的观点。他借助儿童心理学研究的成果类比说明在认识发生问题上，认识的外源因素与认识的内源因素的双向作用。格局或结构是人类认识事物的基础，通过同化和调节这两种适应外界刺激的形式，新的格局得以建构起来。建构理论以这种"被建立的"和谐，取代了传统的宇宙与思维之间"先定的"和谐。

微观和宇观领域的研究也表明，生命运动和社会运动的研究所涉及的不是单一物质运动形式，而是许多物质运动形式的关系和相互作用，涉及所谓"大系统""大科学"问题。现代科学揭示了自然过程的整体性、地球的整体性、社会的整体性，也揭示了随着生产力的发展和社会的进步，出现世界政治、经济、文化发展的整体性，科学技术及其发展的整体性。显然，面对上述复杂的大系统，经验思维和分析思维是无能为力的，采用系统观代替机械论观点思考问题才是解决问题的最佳途径。

综上所述，系统科学不仅作为主导理论已渗入当代各门科学研究领域，而且也表明系统观是既适用于研究客观世界，又适用于研究人类认识的重要工具，已经成为现代科学思维方式的主导因素。教师在开展劳动教育过程中，需要了解系统观思维，并用系统观思维指导劳动教育。

再次，劳动教育教师需要掌握创造性思维方式与方法。

人是如何思考的？人的精神生产是怎样进行的？科学研究表明，人是按照一定的方式思考的，人类大脑的活动、人的精神生产总是通过一定方式进行的。这就是思维方式的问题。"思维方式就是人的大脑思考问题的方式，大脑对信息进行加工活动的方式。从人类认识的角度，思维方式是人类精神生产的方式。"

思维方式是脑的机能与语言、符号、文字、信息、观念、判断等思维要素及其关系的统一。这种关系形成一定的思维结构、思维方式，是思维功能和思维结构相互作用的统一。

思维是客观物质存在的主体反映，思维过程本身是在一定客观条件中生长起来的，它本身是一个自然过程。没有客观事物（客体）的存在也就没有思维过程。因此我们可以认为，人的思维方式是以客观条件为依托的，是随着历史的进程形成和发展的。

人的思维的形成和发展，是由大脑发育决定的，思维活动促进科学、技术、社会生产力与社会的发展。同时，大脑的发育及其机能也不断完善；由低级到高级，由基本部分支配运动和直觉机能，到大脑皮层的不断发育，形成抽象思维的功能。也就是说，人的思维方式发展的自然过程，同大脑发育的过程相关。

人类思维发展，同社会生产力发展特别是科学技术进步相关。客观条件的发展为思维提供了关注对象，也扩展了思维所面对的空间。恩格斯指出："人的思维的最本质和最切近的基础，正是人所引起的自然界变化，而不单独是作为自然界，而人的智力是比例于人学会改变自然界的状况而发展的。每一个时代的理论思维，都是一种历史的产物，它在不同的时代具有完全不同的形式，同时具有完全不同的内容。因此，关于思维的科学，也和其他各门科学一样，是一种历史的科学，是关于人的思维的历史发展的科学。这一点对于思维在经验领域中的实际运用也是重要的。因此，首先，思维规律的理论并不像庸人的头脑在想到'逻辑'一词时所想象的那样，是一种一劳永逸地完成的'永恒真理'形式逻辑本身自亚里士多德以来直到现在仍是激烈争辩的领域。而辩证法直到今天也只有两位思想家曾做过较仔细的研究，这就是亚里士多德和黑格尔。然而对于现今的自然科学来说，辩证法恰好是最重要的思维形式，有辩证法才为自然界中出现的发展过程，为各种普遍的联系，为从一个研究领域向另一个研究领域过渡，提供了模式，从而提供了说明方法。"

在人类思维活动中，人们总是按一定的观念思考，构成主导性的思维方式。思维的根本功能在于解决问题。没有积极的思维，就没有科学的发展和社会的进步，也可以说没有思维就没有人类和人类社会。要实现创造创新，就要以掌握创造性思维方式与方法为前提。在工程技术领域，还要掌握实现发明创造所需的创造原理和技法，建立有针对性的技术系统。

对于教师，尤其是基础教育领域的教师来说，专业背景是以自然科学或社会科学某一科学学科为基础的，工程技术所需要的基础理论课程在教育类专业中是没有的；因此，介绍发明创造所需的创造原理和技法以及技术系统也存在很大难度。本书对于这部分内容就不进行展开介绍。而对于教师需要掌握的创造性思维方法、问题意识则是本章和接下来要介绍的内容，掌握这些知识对开展教育创新实践活动有很好的辅助作用。

能思维、会思维，更重要的是如何形成更好的思维以提高思维的效果和效率十分重要；思维方式方法，是几千年来人们在实践中淀积的智能规律与方法，也是教师必须掌握的。

生产力发展和科学技术进步与思维方式发展具有一致性。按照科学技术与生产力发展的历史轨迹，占主导地位的思维方式，有四种主要形式：直觉思维、形象思维、逻辑思维（也称分析性思维）以及非线性思维和整体性思维代表的系统性思维。

思维形式的发展，同样有其自身的规律。直观思维—形象思维—逻辑思维—系统思维也经历了由感官到形象，由形象到理性直至系统性，由外而内的，由局部到整体系统的递进式发展过程。虽然主导思维的位置发生了变化，然而系统思维在思维过程充分融入了逻辑思维等的思维方式，使思维更为完善。因此，教师在掌握系统性思维的基础上还需要掌握其他创造性思维丰富劳动教育体系，具体说，教师需要掌握直觉思维、形象思维、逻辑思维、多向思维等创造性思维。

最后，劳动教育教师需要问题意识及发现问题的能力。

问题是个司空见惯的词汇，人们在日常生活、社会活动或工作中总会遇到这样或那样的问题。因此，也就必须不断地回答问题或解决问题。培根有句名言：如果你从肯定开始，必将以问题告终；如果从问题开始，则将以肯定结束。而贯穿这句名言因果关系的中间环节是一个复杂的思维过程。物理学家波普尔也有过英明的论断：科学始于问题。"问题"是触发思维的起点，而解决问又是思维的成果。问题是智慧的迷宫，探索问题才能获得新知识，丰富智慧，发展潜能，走向成功。也可以说问题是思维的动力、目标，也是思维的产物，因为思维发现问题，界定问题。由于问题与思维有着难分难解的关系，因此劳动教育教师研究思维和掌握创造性解决矛盾的方式方法帮助学生提升劳动及综合素质首先都要从问题开始。

在具体工作中，劳动教育教师需要掌握问题的分类及主要特征、发现问题的途径与方法，并在此基础上做好劳动教育创新实践活动选题工作，并通过进行信息收集，运用适合于劳动教育的创新技法，全面提高劳动教育成效。

第二节　实现创新与劳动教育结合

全面系统地看问题是马克思主义哲学的重要原理，生产实践是创新创业的基础，用正确的哲学思想看待生产实践系统的演化是实现创新知识讲授与劳动教育结合的有效途径。

一个产品或物体都是生产实践系统的产物。系统由多个子系统组成，子系统由零件、部件，甚至元素构成，并通过子系统原理结构的相互作用来实现一定的目标。以大系统观论，系统处于超系统之中，超系统是系统所在的环境，环境中其他相关系统可以看作超系统的构成部分。

生产实践系统的进化是指实现系统功能的技术从低级向高级变化的过程，不管客观规律是否已经被创新者所认识，进化都必须遵循客观规律进行。认识和掌握系统进化的客观规律将有利于生产实践系统的进步，以提高生产实践系统水平和产品的开发能力，提升产品的竞争力。

生产实践系统的进化决定于其自身的成长、变异和环境的选择。环境变化改善了系统功能建构的基础条件和需求应用范围，对系统的进化，影响更为显著。任何系统的进化机制可以归结为正、负反馈的某种往复循环过程，正反馈是系统变异产出的条件，而负反馈是系统变异稳定的条件，只有通过"正反馈—自生成"和"负反馈—自稳定"反复循环，系统的变异才能经选择而稳定存续下来。这一点也支持了系统是循序渐变进化理论。生产实践系统进化的逻辑结构主要决定于其内部各子系统之间的相互作用，也受更大系统环境内外相互作用的影响。相关事物之间不平衡是常态，平衡是趋向。工艺进化也就在子系统间或大系统环境的相关关系和条件作用下，在平衡与不平衡间循环变动，螺旋上升以形成生产实践系统的进化。在劳动教育中融合创造创新内容可以从如下三个方面入手。

一、理解生产实践系统进化过程

生产实践系统的进化规律是由创新者所掌握的工艺特点及生产实践系统本质特性所决定的，并贯穿其发展过程始终，有总结过去指引未来的双重作用。生产实践系统的进化受到客观环境的制约和人的主观能动性的影响，形成循序变化和突变两种机制，但是其演化机理是客观的，也是不以人的意志为转移的。因此，深入了解生产实践系统进化的理论与规则，是从事创造与创新活动不可或缺也不可回避的问题。

通过生物进化与生产工艺进化法则的类比，可以认识到生物进化是通过遗传变异和自然选择进行的。基因变异是进化本体的内部因素，而自然环境则是影响进化的外部因素。生物进化当然也包括人类的进化。生产工艺是人类征服和改造自然最基本，也是最重要的手段之一。生产工艺进化，也同样存在内部和外部两方面的影响因素，并可以划分为主观和客观两方面，客观的外部环境包括自然环境和已参与了主观因素的社会环境，客观的内部因素则是事物的自然特性和科学规律。主观因素则是社会的基本需求与人的主观意识和直接参与。这种人的参与，既表现为生产工艺的进化形式也表现为生物的改良和异变。

下面将就生产实践系统中的进化法则进行分析。

（一）以功能为基础的生产实践系统演化

生产实践系统的存在以需求功能为目的。功能的实现过程必须符合自然规律，也即得到了科学原理的支持。系统的功能原理是客观存在的，并不以人们是否已经认识到这种原理的内涵为存在条件。违反科学原理的系统功能是不可能实现的，如永动机。因此，可以认为系统功能原理即是系统演化的基础。

钻木取火与轮子应用是人类科学史具有重要意义的两项活动，是展现了科学原理——功能原理应用的典型事例，作为"縻母"的技能演化进程。

发现"天火"造就的熟食和用火是人类文明史上重要的里程碑，当自然火保存火种的方式已无法满足生存的需求时，掌握取火技术便成了当务之急。在生产劳动实践中，人类得以掌握"钻木"与"撞击"两项取火技能。

钻木（以木钻石或钻木）的原理是摩擦生热（物理原理）和可燃物质达到燃点后自燃（化学原理）两项科学原理的融合。木材通过摩擦力转化的热能，首先碳化降低燃点，并在热量达到燃点后燃烧，达到了取火的功能。

火柴的发明改变了几千年的取火方式，其进化表现为摩擦表面与可燃物质的改变——用不同颗粒度的砂纸取代了木材（或石块），而对应的摩擦兼易燃物用黏结有易燃的磷、硫黄、石蜡的细木材杆（一般为白桦）所取代，而取火技术的基本功能原理却没有改变，并足以彰显取火技能演化的"縻母"特征。

安全火柴则是以磷（红磷）砂纸取代了石质砂纸，实现易燃物的结构转移，以避免一般火柴在粗糙表面均可取火的安全隐患。

以冲击力为能量转化媒介使物质自燃的取火功能原理与取火方式的技术，也是使用比较久远的一种生产实践系统；其原始的技术过程是以石块击打燧石（俗称火石）或含有燧石成分的石头来发挥取火功能的。燧石中含有稀土元素，在冲击力作用下产生碎屑；因其比表面很大，与空气接触即可燃烧并释放出大量热量，即火花及颗粒达到高温炽热状态，迸出的火花点燃易燃物达到取火目的。

冲击取火技术是沿用比较久远的一种取火技术，直至火柴出现前，也在不断演化，最早的演化方式是铁刀取代了石头，以增加打击力强度和耐磨性，并以碳化棉（火绒）作为易燃物以降低燃点，取火更为容易。

打火机作为一项实用的取火产品，采用有齿摩擦轮使燧石颗粒更加细化、易燃，而燧石也被人造燧石所取代，增加了稀土金属的含量，更易于火花的产生和集聚；易燃物则使用燃点更低的汽油、燃气，实现了取火的现代化。这里，必须要指出打火机取火的基本功能原理并没有改变，其只是通过分功能的演化与科学化，提高了取火的技术含量与质量，提高了功能效率。

所以，原理不变，工具和技能进步是生产实践的重要途径。

轮子乃至与轮子技术相关产生的车的应用是人类历史上又一项重要进步，也是科学原理应用推动工艺进步的典型案例。

轮子的应用是从古保持至今的一项技能，已有6000余年历史。通过实践中的认识和经验总结，使轮子的应用进一步扩大，主要有三个方向，即行走机械、动力机械与加工机械。

古人移动重物是在支撑面上用人力直接拖曳完成的，滑动的摩擦力过大，费时、费力、功效也太低。在重物下垫上圆木（滚杠），由滑动摩擦转变为滚动摩擦，不仅省力，"功效"也大为提高。最早的滚动技术是一根根整体的木（滚杠），虽然起到减少阻力的作用，但也出现圆木直径小，大圆木使用不方便等矛盾。将大型圆木锯成饼形，便成为轮子的雏形。把两个轮子中心掏空，中间穿上细一点的圆木轴，代替滚杠进一步达到省力、便捷的目的。在轴上装上平板则成为"车"。这也就成为轮子作为实用技术的起源。考古学家发现表明，约公元前4000年，有轮子的运输工具（车）在美索不达米亚平原被发明，在很短的时间内便得到迅速传播。人力车、畜力车用于战争、运输长达近6000年直至生产出汽车、火车，而轮子的功能基本是一致的，这不能不说是奇迹。

轮子滚动是通过外力（推或拉）与支撑面（地面等）的滚动阻力形成的作用转矩实现轮子滚动的，是以基本力学原理为技术基础的。如果引用"縻母"概念，轮子的性状——形状才是"縻母"，是技术进化的"根本"；至于轮子的尺寸、结构则是系统结构的问题，仍然在不断进化之中。

轮子的结构进化引起性能的变化，而与车厢的结构变动的相关性并不十分重要。

例证表明，应用同种功能原理的生产实践系统，由于外界自然条件、工艺条件、新知识、工具的产生等需求环境和需求欲望的变化，生产实践系统也在不断地演化。具体有以下几种方式。

第一，系统（子系统）结构的改进、完善促进生产实践系统的演化。

车轮自身的结构演化更为明了和直接。最原始的轮子为整体切断的圆木制成，不仅笨重而且不圆，使用功能和性能受到影响。为了使用需求，轮子的结构首先由整体轮改进为拼装轮，使圆度得到改进，对原材料的选择也得到了较大的适应性。轮子（车轮）进一步进化为组合结构：由轮毂、轮缘、轮辐（含辐条辐板）组装而成，增强轮毂强度的同时也起到减重作用。随着新材料新技术的产生，轮毂内嵌装了金属套并在轮轴嵌入金属条（间断、均匀分布），演化为初级滑动轮承，继而为滚动轴承所替代。而轮辋结构中首先在轮辋表面加装了金属辋，增加了轮辋强度和耐磨性。随着橡胶材料的使用，金属帽为胶车胎和充气胶车胎取代，完善了车轮结构，也增加了轮子附着性（轮表面有花纹）耐磨性和减振性。

上述例证显示了单一功能基本结构随需求、材料、工艺等环境条件变化而产生相应的变化。

在复杂的生产实践系统中，由更复杂的结构变化而带来的功能性提高与进化，也是一种较为普遍的生产方式进化形式。

第二，生产实践系统材料的替代促进了生产实践系统的演化。

随着生产与科学技术的发展，新材料层出不穷。作为系统输入的物理材料的替代，使系统功能的性质、效能不断地改善与提高，是生产实践系统演化的又一种形式。

打火机在系统原理不变的情况下，以天然气取代碳化棉乃至汽油使取火技术由低级步入高级，以橡胶充气轮胎替代钢性轮胎不仅提高了"功能原理"的附着力、驱动性，也改善了车的减震性，并为提高车速创造了良好的条件。上述变化自然也带动了生产实践技能的进步。

第三，先进的工艺性是促进系统演化的又一项重要原因。

一个切实可行的科技原理和接近完美的结构设计要实现系统的良好功能，必须以先进的生产工艺为依托，由能工巧匠实施才能实现和不断向高层次演化。

比如前面例子中的打火机的小型化、便捷化就需要储气机体和出气口的密封，操纵打火、喷气协调问题都须有精密加工的工艺保证，这些都要有创新者去实现。有时汽车行驶中，风阻占动力消耗的50%—70%（随速度变化而变化），减少风阻需要流线型等良好的造型，这并非只由车身设计所决定。好的造型，必须有良好的冲压工艺为依托和保证，只有掌握先进的工艺技师，才能保证车辆生产实践系统不断的优化、推陈出新。

第四，子系统进步引起的生产实践系统演化。

生产实践系统功能原理与主体功能结构不变的情况下，对个别子系统的功能原理与结构的改变是生产方式进步的又一条可行途径。比如在汽车传动系统子系统中采用液力变矩器与行星变速系统取代机械离合器与分级有机齿轮变速即可减少变速时的冲击与操纵的复杂程度，无疑是汽车系统制造有效演化进程。

（二）技术转移中的生产实践系统演化过程

一个生产实践系统的进步与完善都是有目的、有针对性的，一般限于一定的领域甚至一个相对较小的应用范围。所谓技术转移，是根据系统日趋完善的功能及其结构直接或稍稍改动、调整应用其他领域发挥功能作用并继续发展的一种生产实践系统演化方式。技术转移是在人的主观参与引导下进行的，是建立在对客观环境的观察证实与实践经验基础上。生产实践系统转移演化有以下三种主要方式。

1. 产品功能演化

产品进化与生物进化最大的不同点在于产品进化有人的主观参与和引导，而人的主观参与引导并非异想天开，而是建立在对客观环境的观察认识所积累的知识与经验基础上的。以轮子为例，产品功能演化主要表现为以下两种形式。

（1）作为动力转换的轮子"功能"的演化

任何一种外力都可以使轮子转动。流水是一种自然动力，水轮也就成为轮子的另一种生产实践系统结构，而其功能却是实现动力的传递。

水轮是在轮辐边缘固定叶片的一种结构，通过流水的功能冲击叶片使轮子转动，并由轮轴输出转矩以带动其他机械系统做功。

水轮也是一项古老的工具，水轮的异变体现在叶轮及叶片结构改变、外动力介质性能改变等方面，并由叶轮不同结构与不同动力介质的组合产生纵横向进一步演化。

（2）作为加工技术"轮子结构功能"的演化

轮子的旋转运动特性，作为加工系统首先应用陶瓷器具（毛坯）成形这一古老的工艺。陶土毛坯在轮上同轮子一起旋转产出径向（轮子径向）离心力，操作者用手对泥坯施加适当的作用力，同时向上沿着预定陶制器具形状（母线轨迹）移动制成毛坯，经烧制而成陶器。这种应用于陶、瓷制品的旋转制坯技能一直被沿用到现在。按照器具基本成形原理制坯转轮逐步演化为木工旋床，金属加工机床。

2. 工具结构演化

成熟的结构，无论是元素还是组件，都有其相当广泛的应用范围，如轴、曲轴、偏心轴、凸轮轴、曲柄连杆机构、偏心连杆机构等都在转移技术领域发挥有效的功能效用，这便是技术结构演化的现实反映。

轮子的单体应用于动力的传动工具，其也在不断地进化，由最早应用于中间传动的绳轮、圆柱形齿轮，发展为皮带轮、链轮、齿轮等，也体现了技术进化的多样性。

3. 生产实践系统功能扩展演化

一些生产工具系统是为某些生产实践目标研制开发的，并经实践所验证成为经典的生产工具，如各类机床、粉碎机等。随着人类生产生活需求范围的扩展，将典型的生产实践工具稍稍改进即可演化为适应其他领域的生产实践系统。如根据机床"球"加工技术与套技术制成的苹果削皮制瓣机；根据粉碎搅拌技术研制的家庭用豆浆机、搅拌机等均使原有生产实践系统实现了扩展演化。

二、掌握生产实践系统进化的基本原则

生产实践系统进化过程中，创新者有时可以通过生产技能和工具进化实现生产技能的提高。这个过程中应当关注如下的基本原则。

（一）生产技能进化中的自我增长原则

生产技能本身是为满足社会需求用以改造自然（含人工自然）的重要手段。而对于具体技能也有明确需求，两者各自需求的目的是有区别的。社会需求通常是原则性的、定性的，掌握生产技能目的则是具体的、明确的，甚至是有定量指标的。生产实践的目的与生产技能之间存在矛盾是客观的必然。

技能的发育有其内在的根据和机制，因此创新者是原动者，创新者技能的自我增长决定于内在矛盾机制。内在矛盾主要表现为生产目的与手段的矛盾、继承与创造的矛盾、结构与功能的矛盾、专门化与综合化的矛盾、规范与实践的矛盾等，这些内部矛盾也就构成了创新者技能发展和进步的原动力。对于生产技能发展进化，生产目的与生产手段等相互作用、相互转化导致了创新者生产技能本身的自我增长。

应用这一法则促进生产提升应注意以下问题：一方面，生产目的不能脱离生产手段，两者必须相互依存、相互制约。其次，生产目的的合理性、可行性与生产手段的完善性、有效性互为依存。

（二）进化的连续性原则

生产实践的本质是根据需求完成某种功能。当需求功能不变的情况下，随着环境及需求品质要求的不断提高，生产实践系统进化则保持连续的变化过程，即在满足基本功能的情况下不断提高品质，而产生连续性的进化过程。

如锤子是用来粉碎（脆性物）和锻打（韧性物）的，以使被作用物体产生整体变形（尺寸或性状改变），这一过程中是用冲击力来实现系统功能的。古人最早使用石锤，为了增加打击力，改造为加柄石锤；当有了金属材料后，石锤进化为金属（铜、铁）锤，为了适应不同的打击需求，在锤部头的结构发生了性状变化。锤的进一步发展是由机械动力、流体动力代替了人力操作，演进为由偏心轴、曲轴带动的机械锤和由高压空气或蒸汽为动力的空气锤和蒸汽锤。

（三）创新者所使用的工具进化的多样性原则

如果说进化的连续是根据科技的进步、功能的需求提出更高的要求，使生产实践所使用的工具向复杂、高效发展，那么，进化的多样性则反映了根据需求的广泛性，向适应性与专业化发展和进化，反映了同类系统近似功能类型应用多种技能的发展趋势。

工具的多样性可分为纵向和横向两种进化趋势。现以运输生产实践系统这样一个庞大的体系来说明。

运输生产实践系统其基本功能是运送人和物，早期运输只有水上和陆地两种运输方式。运输工具可以包括人、畜力、车辆、船舶，原动力除人力、畜力外尚有风力、水力。随着科学技术的发展，又出现了火车与飞机，原动力机也逐步为蒸汽机、内燃机、电动机、燃气轮机所取代，先进的磁悬浮列车采用的则是先进的电磁原理。这也是车辆原理一次质的突变。

环境对系统的共同作用包括支持力、支持面阻力和空气阻力，为系统在保证适应环境的同时达到行进的目的，这就要求系统具有相应的特性与功能。

以船舶为例可以概略表述为：应用阿基米德原理制成中空适型结构（一般为流线型），利用水的浮力浮于水面，在桨、橹、帆、轮机驱动下，在水面上沿纵向前进，实现运送人或物的功能。而船舶具体样式的差异，也对使用者提出不同的操作技能要求。

第八章　劳动教育创新路径

第一节　劳动教育理论创新

开展劳动教育，是落实"立德树人"根本任务的要求。劳动教育是新形势下贯彻落实"培养什么人"和"怎样培养人"的原则，是科学育人理念的具体体现。

一、劳动教育使命论

"一个精神"，即"劳动精神"；"两个态度"，即"崇尚劳动""尊重劳动"；"三个行为"，即"辛勤劳动""诚实劳动""创造性劳动"；"四个观念"，即树立"劳动最光荣、劳动最崇高、劳动最伟大、劳动最美丽"的劳动价值观。这是学生得以成人、社会得以发展的基础，体现了劳动的真善美和劳动创造幸福的时代意蕴，也是劳动教育的新使命。

（一）劳动实践观

马克思主义实践观认为，人的实践活动具有自主性，人通过实践不但能够认识客观规律，而且能够利用客观规律，使客观规律为人所用。同时，实践还具有创造性，能够创造出自然界本身不具有的事物。实践的自主性和创造性一起，共同体现了人的主体性特征。近代以来，中华民族实现了站起来、富起来、强起来的根本转变，依靠的正是一代又一代中国人的辛勤劳动、接续奋斗。这些论述和历史实践夯实了全民族"实干兴邦"的基础，只有在全社会牢固树立"干在实处、走在前列"的"实干"精神，才能实现"兴邦"的伟大梦想。

（二）劳动价值观

基于此，从国家层面上讲，我们要始终弘扬劳模精神、劳动精神，为实现中华民族伟大复兴的中国梦注入强大的精神动力。从社会层面上讲，弘扬劳模精神有利于在全社会营造"崇尚劳动"的浓厚氛围和精益求精的敬业风气，为中国特色社会主义事业会聚起强大的正能量。从个人层面上讲，榜样的力量是无穷的，劳模精神可以感染并引领广大劳动者勤奋做事、勤勉为人、勤劳致富，培育践行社会主义核心价值观。

二、劳动和谐发展论

劳动者素质对一个国家、一个民族发展至关重要。当今世界，综合国力的竞争归根到底是人才的竞争、劳动者素质的竞争。我国工人阶级和广大劳动群众要树立终身学习的理念，养成善于学习、勤于思考的习惯，实现学以养德、学以增智、学以致用。中特色社会主义教育发展道路，需要劳动教育的奠基。"以劳树德、以劳增智、以劳健体、以劳育美、以劳创新"是中国特色社会主义劳动教育的重要特征，阐述了劳动对德育、智育、体育、美育发展的重要性，构成了相互渗透、相互促进的和谐发展教育体系。

（一）劳动教育促进德智体美发展

苏霍姆林斯基认为，如果不能使双手成为智慧的、高明的老师，那么学生就会失去对知识的兴趣，教学过程中就会缺少一种强有力的情绪刺激。苏霍姆林斯基明确指出，"没有劳动的教育是片面的教育"。知识、道德和劳动教育是他的教育思想体系的三根支柱。他提倡的劳动教育有两个目的：一是社会目的，即劳动要为社会创造财富，体现出经济价值；二是思想教育目的，即通过劳动丰富人的精神生活，提高人的道德素养，完善审美情操，培养创造性的劳动态度，使劳动成为人生乐趣的源泉，这是劳动教育的深层次目的。

卢梭认为劳动教育要注重手脑并用。他说："毫无疑问，一个人亲自取得的对事物的观念，是比从他人处学来的观念清楚得多的；而且，除了不使自己养成迷信权威的习惯之外，还能够使自己更善于发现事物的关系，融会自己的思想和创制仪器，不至于别人说什么就信什么。自己不用心思，好似一个人天天有仆役替他穿衣穿鞋，出门就骑马，最终会使他的四肢丧失它们的力量和用途。"他强调的实际上是在劳动教育中要注意体力劳动与脑力劳动的结合。

瑞士教育家裴斯泰洛齐主张将"教学与生产劳动相结合"并成功付诸实践。他认为，劳动教育是教育者根据儿童的身心特点实施劳动，使劳动与教育结合、体力与脑力结合，从而培养和舒展每个儿童内在的天性，提升儿童的精神境界，促进儿童"脑、心、手"和谐发展的活动。裴斯泰洛齐认为，德育、智育和体育的实施都离不开劳动教育，劳动教育是实施全面和谐发展教育的重要途径。德行的培养是以儿童的劳动为基础的，教育者必须探索出有助于这种行为培养的初步教学方法，并以此为出发点，促进德行的培养，使人类履行人生义务和责任所需要的能力与身体活动的灵活性都得到发展。智力教育的基础也是劳动，勤奋地劳动可以确保和加强儿童各种力量的平衡，而这种力量的平衡又是一切正确的判断和纯洁的思想产生的土壤；体力发展更是离不开劳动。因为"只有通过自己思考，思考能力才得到培养；只有通过自己想象，想象力才会增强。这同样适合于手艺，只有手派上用处，才会变得灵巧；只有使劲，身体才会强健"。

中国近代教育家、政治家和社会活动家黄炎培对劳动教育进行了卓有成效的积极探索。黄炎培先生倡导尊重劳动、尊重劳动者，引导学生树立正确价值观，在教育各环节中充分融入劳动内容，在沉浸式教学中帮助学生养成良好的劳动习惯；深入挖掘劳动教育的育人价值，大力弘扬劳动精神，推进社会价值观念的转变。

（二）劳动教育和谐思想

劳动教育不断发展，其理论基础也发生了变化。当前，我们需要对马克思主义关于教育与生产劳动相结合这一命题的实质有更为完整和科学的认识。过去，我们更多的是在"形式"的立场上实现教育与生产劳动的结合，即将教育完全融入生产劳动；现在，则需要我们更多地在"实质"的立场实现教育与生产劳动的结合，即在将教育和生产劳动作为两个独立系统的基础上，通过现代科学将二者结合在一起，共同致力于培养全面发展的人。劳动教育要能够确保人获得一种自我存在的价值和意义，在丰富人的关系属性方面有所作为，最终必然落实到学生审美人格的培养上。

劳动教育根本的价值在于"立德树人"，可分为三个维度：一是"劳动价值观的树立"，包括劳动意识、劳动情感、劳动态度的培养，其价值实现路径侧重思想教育与道德体验；二是"技术技能的培养"，包括技术认知、技术思维、技术能力的培养，其价值实现路径侧重技术习得与实践锻炼；三是"服务社会、服务他人、为职业做准备"的职业劳动观、职业价值观的培养，其价值实现路径侧重职业体验、劳动法规学习、公益劳动等。

三、劳动创新发展论

黑格尔将劳动概念上升为哲学探讨的主题，并认为劳动是创造性行为的典范，劳动的过程即人的自我创造过程。

一、劳动教育的本质是培养创新的人

从劳动出发对人的理解，其核心就是创造，创造是人的本质特征之一。恩斯特·卡西尔在《人论》中说："一切伟大的自然科学家……都不是从事单纯的事实收集工作，而是从事理论性的工作，也就是创造性的工作。这种自发性和创造性就是一切人类活动的核心所在。"从这个角度看，教育劳动目的根本上就在于人的创造性。但这种创造性本身并不是抽象的和片面的，而应该是现实的。之所以是现实的，是因为这种创造性必须落实于劳动过程；而之所以是全面的，是因为这种创造性要求本身并不是单一的，对个人来说它是指人的不同方面，对社会来说，它是人与社会发展的真正统一。苏霍姆林斯基认为，"劳动教育有利于学生道德行为习惯的养成、有利于学生智力发展和个性发展；劳动教育的任务就是提高学生的劳动素养""只有经常不断地劳动，才能丰富精神生活。只有当孩子从事那种需要经常进行思考和操心的长时间的劳动的时候，劳动的创造性质才会在他面前展现出来"。劳动创新不是今天才有的，而是与人类社会相伴始终的，从一定意义上说，自有劳动开始，劳动就是创新的。随着人类社会的发展，劳动本身也有一个发展过程，这既是劳动创新水平和复杂程度不断提高的过程，也是劳动创新规模不断扩大和速度不断加快的过程，还是劳动创新比重不断增大和地位不断提高的过程。

（二）劳动教育内容创新是核心

劳动教育内容的创新包括三个维度：劳动思想教育的创新、劳动知识技能教育的创新与劳动实践锻炼的创新。在劳动思想教育创新方面，要特别强调通过理解马克思主义劳动思想、习近平总书记关于劳动的重要论述，引导学生深刻体认劳动的永恒价值，牢固树立"劳动最光荣、劳动最崇高、劳动最伟大、劳动最美丽"的观念。在劳动知识技能教育创新方面，不仅要让学生扎实掌握专业知识与技能，更要普及与未来职业发展密切相关的劳动科学知识。在劳动实践锻炼创新方面，要把劳动教育融入课内外活动，全面推进劳动教育与社会实践、志愿服务、创新教育、生涯教育及学校文化的结合，通过多种形式的劳动实践锻炼，全面历练学生的劳动能力，培养积极的劳动情感态度和正确的劳动价值观。

劳动教育内容以创造性为核心，可从思维和实践两个层面予以落实。劳动教育在思维层面应当融知识于思维之中，对受教育者进行思维发展教育；在实践层面则要追求将创造性思维与劳动教育统一起来，引导受教育者进行创造性劳动。在劳动中，思维教育是一个不可忽视的内容，实用主义教育的代表人物杜威也非常强调对学生思维能力的培养，他认为，"学校能做或需要做的一切，就是培养学生思维的能力"。劳动教育的目的是培养具有创造性的全面发展的人，所以在思维教育层面必须以培养受教育者的创造性思维为核心内容，通过调动高阶思维技能来启发知识。苏霍姆林斯基说："创造性劳动的重要特点就是手脑结合，手脑并用，在劳动中动手又动脑。"在整个劳动过程中，受教育者所接受的内容实际上是系统化的经验，包括直接经验和间接经验。只有发挥创造性，人才能更多地运用经验促进创造性知识产生。因此，思维发展在劳动中应具有核心地位。在实践层面，劳动必然要求实现全面创造性劳动。这种创造性劳动是受教育者的创造性思维与实践相结合的结果，也是劳动本质的必然体现。

真正的企业家必然崇尚劳动、尊重劳动，由衷地认同劳动最光荣、劳动最崇高、劳动最伟大、劳动最美丽的道理，愿意兢兢业业地通过自己的辛勤劳动、诚实劳动、创造性劳动发财致富，并积极承担社会责任，尊重劳动者，乐于与其他劳动者合作追求利润、创造财富、共享成果。同时，企业家所需具备的"创新精神"更是创造性劳动的一种典型表现。创新创业教育与劳动教育相结合，有利于引导人们跳出将劳动仅仅理解为普通体力劳动的偏见，站在劳动发展新业态的高度重新看待劳动，深刻认识劳动的脑力化与创造性本质。

三、劳动教育是创新的最好载体

创新性劳动教育促使学生发现自己的潜在能力，全面发掘自己各方面的特长，广泛培养创造兴趣，从而培养创造者的个性。苏霍姆林斯基强调劳动教育的任务不是把学生造就成传统的墨守成规的工匠，而是要通过创造性的劳动，激发学生的天资，点燃每一个人的创造火花。从现代教育发展的客观趋势看，在学生素质成长过程中，单纯讲授书本知识往往是把学生的才能、爱好和志向束缚在课堂与书本中，容易导致高分低能；而创新性劳动有利于学生更早一点亲手接触到他们将要改造和创造的这个客观世界，为学生的创造意识、创造技能、创造美的能力、创造的个性的产生与发展奠定坚实的基础。创新性劳动与常规性劳动最本质的不同在于，创新性劳动获得的是知识，常规性劳动获得的是产品（或服务）。所谓创新劳动，是相对于常规劳动而言的，就是指能够做出创新的劳动，即能够做出知识创新、技术创新、制度创新以及其他创新的劳动。而常规劳动是不能够做出创新的劳动，即在已有的技术、方法、组织形式等条件下，为获得已有种类劳动产品而进行的劳动。

创新与劳动在价值目标上存在互利性。创新的目的在于更好地劳动，劳动的目的是改造自然。劳动需要"敬业精神""合作精神"，劳动教育的三个维度都与创新教育存在密切的关系。在劳动思想教育方面，对劳动价值的深刻体认、对劳动的积极情感态度、对劳动者及其劳动过程与成果的尊重等，与学生守法、诚信、担当、奉献的优秀创新创业品质息息相关。在劳动技能培育方面，扎实的基础知识是劳动教育和创新的共同关注点。

创新与劳动在方式方法上存在共通性。在教育方式方法上，创新和劳动都强调"做中学"，都具有突出的实践驱动性。对劳动教育而言，实践性一直是其重要特征。苏霍姆林斯基认为"劳动教育是对年青一代参加社会生产的实际训练"，陶行知也把劳动教育视为教育年轻人"在劳力上劳心"的实践活动。在人工智能时代，人工智能与教育的深度融合发展，虚拟环境与现实环境的相互交融，使我们今天学习知识比以往任何时候都要便捷，那么知识是否会必然带来能力的提升，这中间却是不能完全画等号的。我们在今天强调劳动教育，就是要强调其实践性，推动教育由知向行转化。

第二节　劳动教育管理创新

劳动教育管理不能单一化、形式化，不能把劳动教育理解为简单的体力劳动，甚至是某种教育惩罚手段。劳动教育管理创新涉及多个领域，但主要是师资、劳动场所、家校协同管理的创新。

一、劳动教育师资管理创新

中共中央、国务院《关于全面加强大中小学劳动教育的意见》（以下简称《意见》）明确要求，采取多种措施，建立专兼职相结合的劳动教育师资队伍。学校根据劳动教育需要，配备劳动教育必修课教师。高等学校要加强劳动教育师资培养，有条件的师范院校开设劳动教育相关专业。建立劳模工作室、技能大师工作室，设置荣誉教师、实务导师岗位等，聘请相关行业专业人士担任劳动实践指导教师。把劳动教育纳入教师培训内容，进行全员培训，强化每位教师的劳动意识、劳动观念，提升实施劳动教育的自觉性，对承担劳动教育课程的教师进行专项培训，提高劳动教育专业化水平。建立健全劳动教育教师工作考核体系，分类完善评价标准。

（一）加强劳动教育师资培养培训工作

劳动教育第一要素是合格的专业教师，但我国师范类高校目前还没有培养劳动教育师资的专业，也没有从国家到地方的劳动教育教师的培训机制。虽然劳动教育是国家课程，但劳动教育师资的现状堪忧。首先，劳动教育教师队伍短缺，没有"科班"出身的劳动教育教师，目前大多数学校的劳动教育教师基本由其他学科改行，或者由行政人员兼任。更多的教师是为了弥补工作量的不足而兼教几节劳动课，上课内容也常被调换。其次，劳动教育的师资培养渠道尚不完善。劳动教育教师队伍虽有，但整体水平偏低，没有劳动教育培训或培训内容不合理，严重影响劳动与技术课程的教学质量。

解决劳动教育教师缺乏的有效方法是开展劳动教育教师的培训，重视劳动教育教师的培养，提高劳动教育教师的理论知识水平和实际操作能力。黑龙江省牡丹江市立新小学是全国劳动教育开展的成功范例，他们有一整套解决劳动教师短缺的有效方法：一是建立行之有效的培训制度，在原有教师中培养有一技之长的教师，使之能尽快适应校本课程的需要；二是面向社会招聘专业人才，充实到一线教学中；三是充分利用家长资源，聘请校外辅导员进班授课。学校现有专职劳动教师6人，兼职教师48人，聘请农林、园艺等教授、讲师22人，校外辅导员50人，保障了学校劳动教育的有效开展。

在劳动教育教师的评价、职称评定上要建立新的机制。一是积极宣传劳动教育对学生"五育"发展的重要性，建立全社会对劳动教育新的认识；二是制定劳动教育教师职称评审、优秀先进评选、教学成果申报单一系列，将指导学生劳动教育的工作业绩作为教师职称晋升和岗位聘任的重要依据，对取得显著成效的指导教师给予表彰奖励，强调劳动教育教师的各种待遇与其他学科教师一致，调动他们的工作积极性，确保劳动教师队伍的稳定；三是建立国家、省、市、县（区）劳动教育培训制度，强化劳动教育培训课程多样化，建立日常生活劳动、生产劳动和服务性劳动菜单培训制。多渠道共建培训团队，团队既要有高校或研究单位的理论专家，也要有"大国工匠，劳模、企业技术实践专家；培训课程既要有传统的劳动教育课程，又要有反映当下时代新技术的劳动课程，增强劳动教育培训时代感。

有关部门要制定考核评价办法，明确劳动教育教师考核要求和办法，科学合理地计算劳动教育教师工作量；制订劳动教育目标与计划，区域或学校要把劳动教育计划纳入工作计划，并逐步做到制度化、系列化，使之成为教育工作计划中的有机组成部分；区域或学校要建立管理系统，设立具体管理机构或单位，尤其是对劳动教育教师的考核要系统化、可操作。

（二）创新劳动教育教师培训课程

人工智能时代，劳动教育教师培训课程应更具有时代特点。一是要设置劳动教育文化的培训课程，加强对劳动创造人类、劳动创造社会的认识，弘扬华夏劳动文化。二是培训课程设置要体现新技术的发展：就教学模式而言，云网协同打破了时空限制，微课、慕课等开放式的劳动教育教学模式使得教师可以自主学习需要的内容；就教学资源来说，虚拟现实技术的应用可以精细、翔实地复现复杂的劳动教育，利于提高劳动教育教师培训的效率、节省培训成本、规避培训风险。三是挖掘学科课程中劳动教育的内容。中小学主学科课程中有很多劳动教育的内容，并且与劳动教育课程相比，中小学主学科课程落实制度与实施现状都是比较完整的。因此，既要强调劳动教育课程的独立开设，又要立足主学科课程开设劳动教育。全面实施劳动教育离不开主学科课程与教学这一基本载体和途径。四是设置劳动素养评价的培训课程，使用互联网终端等手段实时记录学生的劳动进度、表现、态度和劳动成果，建立立体多维的动态评价体系，优化劳动素养评价。

劳动教师应着重探索如何在劳动课程中培养学生能力，教师不仅要指导学生参与完成劳动任务，还要注重强调劳动与学生的学习有机联系，避免劳动教育流于形式而达不到真正教育目的，要强调劳动教育的持续性与目的性。

创新劳动教育教师培训课程面临着很多挑战。一方面，未来的劳动教育教师将面临双重压力，即知识快速迭代的压力和信息素养不够的压力。当前新兴劳动技术不断产生，而且周期短、更新快，这促使学校的劳动教育内容需随着社会发展不断调整。这就需要教师紧跟时代的步伐，不断更新自己的知识储备，掌握的劳动专业知识和技能。另一方面，在数字化时代，要求教师具备高效获取信息、熟练表达信息、创造性使用信息的能力。这无疑对教师的信息素养提出了新要求。同时，教师要承担双重任务，既要传授知识，又要及时关注学生情感。

二、劳动教育场所创新

中共中央、国务院《意见》明确提出，大力拓展劳动实践场所，满足各级各类学校多样化劳动实践需求；充分利用现有综合实践基地、青少年校外活动场所、职业院校和普通高等学校劳动实践场所，建立健全开放共享机制。

地方政府应大力支持劳动教育的场所配备和建设，打造省、市、县、校多级联动的共建共享平台，为课程实施提供高质量、常态化的劳动教育场所资源。地方教育行政部门和教研机构要开发具有地域特色的优质劳动教育场所资源，为劳动教育课程实施提供保障，建立学校与政府、行业、企业联动、合作打造劳动教育实践基地制度。

（一）社会劳动教育基地建设创新

充分利用社会各方面资源，为劳动教育提供必要保障。地方教育行政部门要从区域统筹的视角，强化资源统筹管理，加强劳动教育基地建设，探索和建立校际劳动教育课程资源的利用与相互转换机制，建立并强化学校与社会劳动教育公共资源、校外场所，如农场、工厂、社区公益基地等各种社会资源的相互联系和资源共享机制。政府部门要积极协调和引导企业公司、工厂农场等组织开放实践场所，支持学校开展生产劳动、服务性劳动，使学生与普通劳动者一起经历劳动过程。农村地区可安排相应土地、山林、草场等作为学农实践基地，城镇地区可联系一批企事业单位和社会机构，作为学生参加生产劳动、服务性劳动的实践场所。工会、共青团、妇联等群团组织以及各类公益基金会、社会福利机构要组织动员相关力量、搭建活动平台，共同支持学生深入城乡社区、福利院和公共场所等参加志愿服务，进行公益劳动，参与社区治理，体验现代科技条件下劳动实践新形态、新方式。

公益劳动属于社会教育，直接面向全社会，它比在学校实施劳动教育具有更广阔的活动余地，影响面更为广泛，更能有效地对整个社会发生积极作用。社会教育形式灵活多样，没有制度化教育的严格约束性。随着科学技术的不断发展，社会劳动生产力的不断提高，就业结构的进一步变化，劳动的空间和时间都发生了很大变化，劳动的内涵和性质也发生了巨变，在这种新形势下，学生的全面发展不能完全局限于学校，必须同社会实践相结合。

（二）家庭劳动教育场所创新

小学劳动内容更多是在家长的指导下完成的，家庭是劳动教育的重要阵地。家庭劳动教育没有固定的教学程序和组织形式，没有固定的教育场所和规定区域，也没有严肃的教学气氛，学习能够在自然、随机的情况下发生。家庭劳动教育既是一种启蒙教育，也是一种情感教育，更是一种灵活的教育。家庭劳动教育中更容易传递劳动情感、态度、价值观，有利于形成孩子对劳动、劳动者、劳动成果的看法和态度。学校可以借助生活劳动项目展示活动等形式，检查生活劳动教育的实施情况，了解学生自理能力提升情况，与家庭共同构建家庭劳动教育制度。

家庭要发挥在劳动教育中的重要作用，抓住日常生活中的劳动实践机会，鼓励孩子自觉参与、自己动手，随时随地、坚持不懈地进行劳动，掌握洗衣做饭等必要的家务劳动技能，目标是每年有针对性地学会 2 至 3 项生活技能，鼓励孩子利用节假日参加各种社会劳动。家庭要树立崇尚劳动的良好家风，家长要通过日常生活的言传身教、潜移默化，让孩子养成从小爱劳动的好习惯。

家庭劳动教育要和学校、社会劳动教育形成互补，同时创新劳动场地，有效进行劳动教育。父母有计划地带孩子到农村、工厂进行劳动，可以是家长比较熟悉的劳动内容，也可以家长、孩子一起学习一项新的劳动技能，以实现家庭劳动教育场所的创新。

第三节　劳动教育技术创新

在人类历史上，劳动工具的变革，往往带来劳动技术的变革，甚至带来生产方式的划时代变革。从原始社会到现代社会的演变过程，清晰地反映出劳动工具与劳动技术在社会发展中的重要作用。综合技术教育思想是马克思主义教劳结合思想的重要构成部分。我们应关注赋予劳动教育的新内涵、新要求、新方式，以新技术与劳动教育融合为切入点，大力推动劳动教育技术创新。

一、劳动教育工具创新

随着社会的不断发展，劳动工具也在不断迭代更新。从远古时代的石器劳动工具到金属劳动工具，再到今天的数字化劳动工具，技术催生了劳动工具的变化。

（一）劳动工具在适应中创新

我们每个人都在接触劳动工具，人们的生活每天都离不开劳动工具：烹饪用具是劳动工具，笔是劳动工具，计算机是劳动工具，甚至手机也是现代劳动工具。我们在生活或生产中每一项劳动都需要很多劳动工具。为了提高劳动效率，人们不断改进劳动工具、创新劳动工具，劳动工具的发展是人类不断认识自然、适应社会发展、不断创新的必然结果。

农具的发展变化是人类不断认识自然、适应自然的表现。笔者到中小学调研，一些城市或农村学校陈列了很多农具，一些学校还建立了农具博物馆或农耕园，达到了让学生了解家乡、亲近自然和动手实践的目的。从锄草到耕种，从收割、贮藏到制作农产品，从播种工具、除草工具、耕地整地工具、灌溉工具到运输工具、加工工具等，都可以成为有趣、有益的课程资源。例如"翻地"课程，让学生通过学习用锄头翻地，了解到锄头这种生产工具的结构，掌握锄头的使用方法，掌握了翻地技术，了解翻耕土地的意义。

（二）劳动工具在发展中创新

随着社会的不断进步，劳动工具不断创新发展。从原始社会、奴隶社会、封建社会、现代社会到人工智能的时代，人类创造和使用工具从石器、青铜器发展到铁器，这个过程中制作工具材料的变革提高了劳动工具的使用性能，并相应提高了劳动效率。劳动效率的提高使社会形态发生相应的变革，即制造工具的材料的变革引导了生产方式的变革。机器的使用开创了人类的动力工具时代，动力工具的使用极大地加快了生产力发展，人类社会进入更快、更高的发展阶段。现代化工具的创新与使用，使大量的劳动力从商品生产的劳动中脱离出来，成为社会生产的管理者，并投入创造新劳动工具的创造活动中，极大地加快了现代科学技术的发展。

10年前，笔者去重庆开州一个偏僻的农村小学调研。因人口大量流动，学校学生很少，很多教室闲置，学校只有三名教师，但有专门的陈列室，把从农村收集到的上百件农具陈列其中，并介绍这些农具的使用和功能。学生观察农具，并在作文课上将它们描写出来，文章生动活泼，发表在全国各种报刊上。还有一些地方把过去工厂废弃的机器陈列起来对学生进行劳动教育，让学生认识劳动工具，了解劳动工具的发展变化。有些农村小学甚至幼儿园，将农具课程作为校本特色课程，与学校或幼儿园的生源特点和生活需求相适应。目前，随着智能技术的开发和应用，智能机器时代正向我们走来，新的劳动工具不断呈现。

二、劳动教育技术创新

社会的高速发展，带来了劳动技术的不断改进与提升，由过去个体简单使用劳动技术到现代化劳动技术广泛使用，劳动的效率也有极大提高。劳动技术创新也是劳动教育创新重要的内容。

（一）新技术与社会发展趋势

2015年7月，国务院印发了《关于积极推进"互联网＋"行动的指导意见》，进一步撬动"互联网思维"，促进教育领域互联网应用更加丰富，公共服务更加多元，线上线下结合更加紧密，坚持改革创新和市场需求导向，不断优化社会服务资源配置，让公众享受到更加公平、高效、优质、便捷的服务。2017年7月，国务院印发了《新一代人工智能发展规划》。2018年8月，教育部印发的《教育信息化2.0行动计划》中明确提出"以人工智能、大数据、物联网等新兴技术为基础，依托各类智能设备及网络，积极开展智慧教育创新研究和示范，推动新技术支持下教育模式的变革和生态重构"。2019年2月，国务院印发的《中国教育现代化（2035）》提出，加快信息化时代教育变革。建设智能化校园，统筹建设一体化智能化教学、管理与服务平台。以上文件为劳动教育技术创新提供了理论和政策基础。

随着科学技术和人工智能的迅猛发展，劳动的基本形态和特征也发生着深刻变化，以大数据、云计算、人工智能等技术为基础的智能化生产方式的劳动逐步取代了固定化、模式化的工业劳动以及简单粗放的农业劳动。

人类社会经历了原始社会、农业社会、工业社会、消费社会四个发展阶段。每一个阶段，劳动都呈现出不同状态。第三产业的崛起，标志着消费社会取代了以工业产品生产为中心、讲求劳动效率的工业社会。伴随着第三产业的崛起，在新技术的助推下，劳动延伸到了社会服务领域和精神文化领域。劳动的智能化程度大大提高，劳动的创造性大大增强，在此背景下，更要树立正确的劳动观点、积极的劳动态度和热爱劳动、尊重劳动的价值态度，因为即使再智能化的机器，如果没有人通过劳动进行操控，也将寸步难行，无法发挥其作用。

（二）新技术正深刻影响着劳动教育

新技术的变革将对劳动力市场产生一定冲击。根据达沃斯世界经济论坛发布的报告，新技术革命可能造成全球范围内 500 万个岗位的消失。同时，国际劳工组织的调查显示，自 2000 年至 2019 年，低技能人员就业率一直处于下降趋势。技术革命会带来劳动力市场结构的变化、劳动份额减少、收入差距扩大等冲击。新技术从一开始作为人们工作、学习和生活的辅助工具，到现在已经成为促进人类社会发展的基础性要素。人工智能时代将是强调脑力劳动的时代，创造性劳动将逐渐盛行。同时，技术创新催生了新兴行业，为满足新兴消费需求而产生了大量新兴岗位，就业形式更加多元化。这也对劳动者素质提出了更高要求。基于此，新技术下劳动教育必须做出调整。从人才培养目标上，数字化素养、综合素质、创造性思维与能力是培养重点。美国皮尤研究中心发布的《工作与职业培训的未来》认为，学习者必须具备终身学习的意识，培养较强的学习能力。

随着机械性劳动被创造性劳动取代，创造能力、创新思维对教育形式和内容都会有更高的要求。如在虚拟现实技术的支持下，丰富多元的教学手段可以充分实现人机交互，使学生的听觉、视觉、触觉等多种感官参与到学习过程中，激发学生的学习兴趣和主动性。同样，人工智能也因自身的优势，极大地改变着教育生态，为学生提供个性化服务、为教师提供精准化教学、为学校提供科学化管理。无论是新技术带来的人才培养需求，还是教育方式及内容的改革，都在某种程度上需要学校教育，特别是劳动教育做出与时代、技术发展同步的变化。

（三）新技术必须是劳动教育的内容

随着时代的发展，尤其随着新技术的层出不穷，劳动教育不再仅仅依托传统劳动。我们要适应新技术对劳动教育的新要求，加强新技术与劳动教育的融合。我国即将全面建成小康社会，人们越来越聚焦于高层次的精神追求，需要有健康的劳动价值观引领。劳动对于彰显人在社会发展与个人生活中的主体性、创造性，教育引导学生理解并获得积极的人生具有重要的意义。劳动教育要重视社会劳动形态的变化，及时调整和更新相应的教育内容。学校要结合信息化时代劳动的多重形态（如知识劳动、虚拟劳动、数字劳动等）开展劳动教育，要以培养创造性劳动能力为重点。

智慧教育是一种由学校、区域或国家提供的高学习体验、高内容适配性和高教学效率的教育行为，它能利用现代科学技术为学生、教师和家长等提供一系列差异化的支持和按需服务，能全面采集并利用参与者群体的状态数据和教育教学过程数据来促进公平，持续改进绩效并孕育教育的卓越。在目前智慧教育中，应让学生体验了解智能感知、无缝链接、全向交互、集群推送等技术。新技术支撑下的劳动教育也属于智慧教育的范围。劳动新技术主要指计算智能（能存会算），感知智能（能听会说、能看会认），认知智能（能理解会思考）技术。智慧教育的构建是复杂的系统工程，其构建和可持续发展有赖政府部门、行业企业、研究机构、一线学校等多方力量的协同参与，建立有效的协调机制，做好智慧教育的顶层设计，完善教育信息化的基础支撑平台，建设智慧教育公共服务体系，在统一规划和总体设计的基础上，有目标、有计划、有步骤、有重点地逐步推进。

目前，已有一些学校成功将信息技术引入劳动教育。江苏省锡山高级中学将传统农耕劳动嫁接物联网技术，建设"物联网蔬菜大棚"。学生为农场铺设自动灌溉的水管网，安装温度、湿度等传感器，编写程序以实现自动控制，智能化地实现灌溉、通风、收展遮阳顶棚、补充光照等。通过物联网技术的引入，传统耕作劳动有了创新性发展。又如，某校七年级开展了《创意陶瓷》课程实验，学生使用虚拟现实技术体验龙泉青瓷的制作流程，并设计了一款电子化的陶瓷产品。学生对虚拟技术有较高的接受度，在劳动教育中引入新技术有助于提升他们的理解力、创造力和投入度。

劳动教育在任何时代都不会消失。既然劳动教育教育永不过时，那么，我们究竟需要怎样的劳动教育？一方面，当今我们正处于一个社会大转型时代，随着以网络化和数字化为核心的人工智能发展，很多具有既定程序操作的工作岗位不断被机器取代，但同时也涌现出了一批新兴劳动形态，产生了很多需要用复杂的认知去判断、执行的工作。这些工作没有可以遵循的既定程序，需要人类依据具体情境进行创造性工作。这就要求我们今后的教育要以创造性劳动为重点。另一方面，中国实施制造强国战略，很快会催生新兴行业的崛起，继而带来崭新的就业形态，增加对创新性劳动者的需求。人工智能时代，劳动教育要充分考虑未来社会对人才的需求，秉持一种创造性的劳动观，与时俱进地开展劳动教育，让创造性劳动成为今后的教育重点。

参考文献

[1] 秦建国，胡永远.高校劳动教育概论 [M].上海：上海交通大学出版社，2022.09.

[2] 郑耿忠，袁德辉，冯健文.大学生劳动教育与实践 [M].北京：清华大学出版社，2022.09.

[3] 邓忠君，李峤.大学生劳动教育实践 [M].成都西南交大出版社，2022.09.

[4] 孔华作.基于新农科建设的高校劳动教育创新研究 [M].成都：西南交通大学出版社，2022.09.

[5] 敬鸿彬，孙艳.劳动教育 [M].北京：科学出版社，2022.08.

[6] 郑文，陈伟.大学生劳动教育 [M].北京：高等教育出版社，2022.08.

[7] 严运楼，王佳杰，朱蓓.劳动教育理论与实务 [M].北京：中国劳动社会保障出版社，2022.08.

[8] 黄建科，邓灶福.劳动教育与实践 [M].北京：中国轻工业出版社，2022.08.

[9] 经庭如，方章东.大学生劳动教育与实践 [M].合肥：安徽大学出版社，2022.08.

[10] 仰和芝，齐亮，钟益兰.大学生劳动教育概论 [M].北京：高等教育出版社，2022.08.

[11] 成玉莲，董晓平. 大学生劳动教育理论教程 [M]. 北京：北京理工大学出版社有限责任公司，2022.08.

[12] 余亮，黄月娥. 医学院校劳动教育理论与实务 [M]. 合肥：中国科学技术大学出版社有限责任公司，2022.08.

[13] 冯喜良. 劳动教育通论 [M]. 北京：中国人民大学出版社，2022.07.

[14] 梁杰. 大学生劳动教育 [M]. 北京：电子工业出版社，2022.07.

[15] 吴娟，夏懿娜. 高校创新创业与劳动教育 [M]. 上海：上海交通大学出版社，2022.07.

[16] 陈刚. 大学生劳动教育与实践 [M]. 西安：西安电子科学技术大学出版社，2022.07.

[17] 林志锋. 高校劳动教育内涵及其实践形态创新研究 [J]. 北京城市学院学报，2021，(5)：86-89.

[18] 冯永刚，师欢欢. 劳动教育的价值意蕴及其实现 [J]. 陕西师范大学学报 (哲学社会科学版)，2022，(3)：112-121.

[19] 涂鹏. 劳动教育课程实施困境及其破解 [J]. 教育科学论坛，2021，(13)：40-45.

[20] 甘陶陶. 大学生劳动教育的意义、价值及其实现路径探析 [J]. 文化创新比较研究，2021，(23)：5-8.

[21] 胡杨，金瑶梅. 马克思的劳动观及其在的创新发展 [J]. 人民论坛 (学术前沿)，2020，(11)：100-103.

[22] 陈祥翠，向文香，周文芳. 青少年劳动教育存在的问题及其对策研究 [J]. 现代交际，2021，(12)：113-115.

[23] 郭玉娟. 高校学生劳动教育课程融入的路径与实践 [J]. 新教育时代电子杂志 (教师版)，2021，(39)：79-80.

[24] 任国友，曲霞.高校劳动教育督导评价体系研究 [J].劳动教育评论，2020，(1)：56-69.

[25] 陈秀香.高校劳动教育实施路径探索 [J].邢台学院学报，2022，(3)：170-174.

[26] 彭文刚.马克思的劳动正义观及其价值 [J].学习与实践，2021，(2)：5-11.

[27] 王鹏飞，钱永慧，杨帆.新教育视角下的劳动教育理想及其行动路径研究 [J].中国电化教育，2023，(2)：8-14.

[28] 任强.重申劳动教育的时代意义与复归路径 [J].湖州师范学院学报，2020，(1)：52-55.

[29] 许为宾.高校劳动教育与创新创业教育融合发展研究 [J].教育文化论坛，2022，(2)：62-67.

[30] 朱平，戴家芳.学校劳动教育何以可能：四个难题及其应对 [J].劳动教育评论，2021，(2)：26-37.

[31] 吴学峰.劳动教育：时代意涵、发展目的与路径选择 [J].当代职业教育，2021，(2)：62-67.

[32] 孙淼.劳动教育实践场所及标准化研究 [J].淮阴师范学院学报（自然科学版），2022，(1)：60-63.

[33] 朱以财，江幸娴.劳动教育与德育的关联性审视与价值契合探究 [J].湖北成人教育学院学报，2022，(6)：79-82，88.

[34] 王奕迪.劳动教育的逻辑机理与实践路径探析 [J].新西部，2020，(18)：152-153.

[35] 杨晓燕，张茂林.智能化时代劳动教育的价值探究 [J].武汉职业技术学院学报，2022，(1)：87-91.

[36] 徐雪平.高职院校劳动教育与创新创业教育协同育人的困境及其

应对策略 [J]. 新丝路，2022，(27)：178-180.

[37] 马衍. 新时期应用型本科高校劳动教育的内涵及实践路径 [J]. 徐州工程学院学报 (社会科学版)，2022，(5)：81-86.

[38] 李博. 高校劳动育人的价值意蕴及其构建路径 [J]. 鄂州大学学报，2020，(2)：81-84.

[39] 欧尔仁. 劳动教育的科学内涵及其社会价值 [J]. 女人坊，2021，(15)：294.